DESENVOLVIMENTO HOLÍSTICO DO COMÉRCIO INTERNACIONAL

TRATATIVAS NO COMÉRCIO INTERNACIONAL, SEUS ORIENTADORES E GESTORES

Editora Appris Ltda.
1.ª Edição - Copyright© 2025 do autor
Direitos de Edição Reservados à Editora Appris Ltda.

Nenhuma parte desta obra poderá ser utilizada indevidamente, sem estar de acordo com a Lei nº 9.610/98. Se incorreções forem encontradas, serão de exclusiva responsabilidade de seus organizadores. Foi realizado o Depósito Legal na Fundação Biblioteca Nacional, de acordo com as Leis nos 10.994, de 14/12/2004, e 12.192, de 14/01/2010.

Catalogação na Fonte
Elaborado por: Dayanne Leal Souza
Bibliotecária CRB 9/2162

L864d
2025
	Lopes, Mário
	   Desenvolvimento holístico do comércio internacional: tratativas no comércio internacional, seus orientadores e gestores / Mário Lopes. – 1. ed. – Curitiba: Appris, 2025.
	   119 p. ; 23 cm.
	
	   Inclui referências.
	   ISBN 978-65-250-7277-7
	
	   1. Comércio internacional. 2. Desenvolvimento. 3. Desenvolvimento holístico. I. Lopes, Mário. II. Título.
	                                                                                       CDD – 382

Editora e Livraria Appris Ltda.
Av. Manoel Ribas, 2265 – Mercês
Curitiba/PR – CEP: 80810-002
Tel. (41) 3156 - 4731
www.editoraappris.com.br

Printed in Brazil
Impresso no Brasil

Mário Lopes

DESENVOLVIMENTO HOLÍSTICO DO COMÉRCIO INTERNACIONAL

TRATATIVAS NO COMÉRCIO INTERNACIONAL, SEUS ORIENTADORES E GESTORES

Curitiba, PR
2025

FICHA TÉCNICA

EDITORIAL	Augusto V. de A. Coelho
	Sara C. de Andrade Coelho
COMITÊ EDITORIAL	Marli Caetano
	Andréa Barbosa Gouveia (UFPR)
	Edmeire C. Pereira (UFPR)
	Iraneide da Silva (UFC)
	Jacques de Lima Ferreira (UP)
SUPERVISORA EDITORIAL	Renata C. Lopes
PRODUÇÃO EDITORIAL	Daniela Nazario
REVISÃO	Andrea Bassoto Gatto
DIAGRAMAÇÃO	Jhonny Alves dos Reis
CAPA	Carlos Pereira
REVISÃO DE PROVA	Alice Ramos

AGRADECIMENTOS

Em memória de minha mãe, pela concepção da vida, de meu pai e de suas intensamente amadas irmãs Maria e Neide Lopes, que mesmo com o pouco estudo que tiveram, ensinaram-me os verdadeiros valores da vida.

Gratidão à Neide Marques, que além de tia, sempre soube ser primeiro uma verdadeira amiga e conselheira.

Por fim, minha especial e interminável gratidão ao Prof. Dr. Rubens Carneiro Ulbanere, que além de ter sido meu primeiro e principal tutor no desenvolvimento da docência, mostrou-me ao longo dos anos a simplicidade do ser humano no conhecimento, humildade, gratidão e realização do ensino!

PREFÁCIO

O professor Mário Lopes acompanhou e montou inúmeras das principais informações sobre o Desenvolvimento Holístico do Comércio Internacional. Seus estudos foram desenvolvidos ao longo de sua carreira docente e de pesquisador, desde o ano de 1984, quando se formou na Pontifícia Universidade Católica de Campinas. Lecionou em vários programas de graduação e pós-graduação, fato que propiciou seu aprimoramento, completado pelas suas experiências estudando e trabalhando no exterior. Ministrou diversas disciplinas relacionadas com o Comércio Internacional, em cursos de logística e comércio exterior. Os temas abordados no livro são relevantes e abrangem desde os primórdios até os complexos e dinâmicos procedimentos adotados pelos países. As caracterizações identificadas pelo professor Mário Lopes ganham mais significado em face das complexidades econômicas, ambientais, sociais e bélicas pelas quais vem passando o globo. São ocorrências diárias, exigindo absoluta atualização.

Alunos, docentes e demais leitores poderão apreender e ampliar os conceitos sobre a evolução holística do Comércio Internacional. Os esclarecimentos compartilhados pelo professor Mário Lopes nesta obra, propiciam aprofundamento e reflexões sobre as situações as quais preocupam a humanidade.

Inicia com a síntese histórica do desenvolvimento do comércio, produção e manufatura artesanal, mercantilismo, bulionismo, conflito dos ambientes, equivalência de troca e mercantilismo fiduciário.

Em cada etapa da sua obra, o professor Mário Lopes demonstra os principais envolvimentos com a evolução da holística do Comércio Internacional, apresentando os autores fundamentais que caracterizam essas etapas, como Adam Smith (1776), David Ricardo (1817) e John Stuart Mill (1806).

Há tópicos que chamam a atenção em face das dificuldades que os países encontram para os acordos comerciais, como as barreiras tarifárias e não tarifárias. Referem-se a ações complexas, que dependem das pressões de governos em função de determinados interesses em produtos e/ou serviços. Tópico também de destaque são as rodadas de negociações. De forma frequente e mundial, há notícias e resultados sobre os encontros de autoridades visando determinados objetivos. Com propriedade, o professor Mário Lopes destacou as rodadas de Dhillon, Tokio, Uruguai, Mercosul e Doha.

Com sua vivência de pesquisador e docência, o professor Mário Lopes soube catalogar as principais informações que explicam o Comércio Internacional. Essa ação facilitou que discorresse com essa desenvoltura. É importante destacar que suas consultas frequentes à biblioteca possibilitavam o oferecimento de conteúdos absolutamente atuais aos alunos e docentes. Daí, a facilidade do leitor em entender as colocações e os significados dos vários envolvimentos desse complexo conhecimento.

Os processos de integração econômica, com os vários órgãos atuantes, como o Mercosul, Nafta, Aladi, Pacto Andino, Alalc, Alca e Aliança do Pacífico são temas igualmente estudados e relatados pelo professor Mário Lopes.

Com essa riqueza de conhecimento e detalhes, recomendo que o professor Mário Lopes oportunize esse magnífico conteúdo a alunos, docentes e demais interessados, contribuindo para essas tratativas e enriquecendo a experiência brasileira nessa interação.

A experiência sobre a globalização ainda é recente – quando foi iniciada a pronúncia dessa palavra nos anos de 1970, não se imaginava o significado e o que representaria no planeta. Hoje, cinquenta anos depois, ainda não é possível identificar os efeitos em todos os sistemas. Com o auxílio do professor Mário Lopes, nossa visão poderá ser mais abrilhantada.

Parabéns ao professor Mário Lopes por essa obra valiosa.

Prof. Dr. Rubens Carneiro Ulbanere
Doutor em Agronomia (Energia na Agricultura) – UNESP. Professor livre-docente em Administração, Faculdade de Engenharia – UNESP, campus de Bauru, São Paulo (1993).

ÍNDICE

1 CENÁRIO..13
   1.1 IDENTIFICANDO OS PERSONAGENS 13

2 SÍNTESE HISTÓRICA DO DESENVOLVIMENTO DO COMÉRCIO 15
   2.1 **PRODUÇÃO E MANUFATURA ARTESANAL**..............................15
   2.2 **MERCANTILISMO** 15
   2.3 **BULIONISMO** 16
   2.4 **CONFLITOS DOS AMBIENTES** 16
   2.5 **VALORAÇÃO DA MERCADORIA E A "EQUIVALÊNCIA DE TROCA"** 17
   2.6 **MERCANTILISMO FIDUCIÁRIO OU *NEOMERCANTILISMO*.**................17
   2.7 **COMÉRCIO INTERNACIONAL x DESENVOLVIMENTO ECONÔMICO** 17
   2.8 **ECONOMIAS DE ESCALAS.**...18
   2.9 **INVESTIMENTOS EM ESCALAS** 18
   2.10 **GANHOS PROPORCIONADOS PELO COMÉRCIO.** 21
   2.11 **VANTAGENS ABSOLUTAS (Adam Smith – 1723-1790).**.................22
   2.12 **VANTAGENS COMPARATIVAS (David Ricardo – 1772-1823).**...........22
   2.13 **COMÉRCIO E VANTAGENS COMPARATIVAS.**........................23
   2.14 **TEORIA DA DEMANDA RECÍPROCA** 24
   2.15 **JOHN STUART MILL (1806 - 1873) E FRANCIS YSIDRO EDGEWORTH (1845 - 1926)**..24
   2.16 **ESPECIALIZAÇÃO E COMÉRCIO ENTRE PAÍSES COM ESTRUTURAS DE PRODUÇÃO SIMILARES** 25
   2.17 **COMÉRCIO DE PRODUTOS INDUSTRIALIZADOS X COMÉRCIO DE PRODUTOS PRIMÁRIOS**...27
   2.18 **BARREIRAS TARIFÁRIAS E NÃO TARIFÁRIAS** 29
   2.19 **BARREIRAS TARIFÁRIAS** 29
   2.20 **TARIFAS SIMPLES** 29
   2.21 **TARIFA GERAL CONVENCIONAL** 29
   2.22 **TARIFA PREFERENCIAL** 29
   2.23 **BARREIRAS NÃO TARIFÁRIAS** 29
   2.24 **RESTRIÇÕES QUANTITATIVAS** 30
   2.25 **RESTRIÇÕES DE CÂMBIO.** 30
   2.26 **REGULAMENTOS TÉCNICOS E ADMINISTRATIVOS** 30
   2.27 **FORMALIDADES CONSULARES** 30

2.28 COMÉRCIO DE ESTADO 30
2.29 INTERCÂMBIO.. 30
2.30 SISTEMA MULTILATERAL DE COMÉRCIO............................ 31
2.31 ORGANIZAÇÃO MUNDIAL DO COMÉRCIO (OMC) 31
2.32 BILATERALISMO x MULTILATERALISMO 31
2.33 PRINCIPAIS CLÁUSULAS DE UM TRATADO COMERCIAL............. 31
2.34 RODADAS DE NEGOCIAÇÕES 32
2.35 RODADA DILLON (1960 E 1961)..................................... 32
2.36 RODADA DE TÓQUIO (1973 A 1979) 33
2.37 RODADA DO URUGUAI (1986 A 1993) – TM-93 – MERCOSUL 34
2.38 ORGANIZAÇÃO MUNDIAL DO COMÉRCIO (OMC)................... 37
2.39 PAÍSES-MEMBROS 40
2.40 ACORDOS DA OMC... 40

3 ACORDOS MULTILATERAIS 41
3.1 GATT – ACORDO GERAL DO COMÉRCIO DE BENS 42
3.2 GATT (GENERAL AGREEMENT ON TARIFS AND TRADE) – 1994 42
3.3 PRINCIPAIS PRINCÍPIOS QUE NORTEIAM A AÇÃO DO GATT 42
3.4 EXCEÇÕES AOS PRINCÍPIOS... 43
3.5 TRATAMENTO GERAL DA NAÇÃO MAIS FAVORECIDA 43
3.6 ACORDO GERAL SOBRE O COMÉRCIO DE SERVIÇOS (GATS) 45
3.7 SETORES DE SERVIÇOS ALCANÇADOS PELO GATT..................... 45
3.8 ACORDO SOBRE OS DIREITOS DE PROPRIEDADE INTELECTUAL RELACIONADOS AO COMÉRCIO (TRIPS)................................ 45
3.9 ACORDO SOBRE MEDIDAS DE INVESTIMENTOS RELACIONADOS AO COMÉRCIO (TRIMS).. 46
3.10 EXEMPLOS DE MEDIDAS RESTRITIVAS TRATADAS NOS ACORDOS..... 47
3.11 ACORDO SOBRE MEDIDAS SANITÁRIAS E FITOSSANITÁRIAS (SPS)..... 47
3.12 ACORDO SOBRE BARREIRAS TÉCNICAS AO COMÉRCIO (TBT).......... 48
3.13 SISTEMA DE SOLUÇÃO DE CONTROVÉRSIAS NA OMC 48
3.14 AS NEGOCIAÇÕES NA OMC 48
3.15 RODADA DO MILÊNIO 48
3.16 RODADA DE DOHA 50
3.17 PRINCIPAIS DOCUMENTOS ELABORADOS E APRESENTADOS NO INÍCIO DA RODADA... 50
3.18 MANDATOS DE DOHA 51
3.19 CONFERÊNCIA DAS NAÇÕES UNIDAS SOBRE COMÉRCIO E DESENVOLVIMENTO (UNCTAD) 53

3.20 **ORGANIZAÇÃO PARA A COOPERAÇÃO E O DESENVOLVIMENTO ECONÔMICO (OCDE)** 54
3.21 **PARTICIPAÇÃO BRASILEIRA** 55
3.22 **COMO MEMBRO-PLENO** 56
3.23 **COMO MEMBRO OBSERVADOR** 56
3.24 **ORGANIZAÇÃO MUNDIAL DE ADUANAS (OMA)** 57
3.25 **MISSÃO DA OMA** 57

4 BLOCOS COMERCIAIS 59
4.1 **PROCESSO DE INTEGRAÇÃO ECONÔMICA** 59
4.2 **CENÁRIO GLOBAL** 59
4.3 **BLOCOS COMERCIAIS** 59

5 UNIÃO EUROPEIA, ALADI, MERCOSUL, NAFTA, PACTO ANDINO E ALCA 69
5.1 **BLOCOS COMERCIAIS E REGIONAIS** 73
5.2 **BLOCOS COMERCIAIS** 73
5.3 **BLOCOS REGIONAIS** 74
5.4 **C A - COMUNIDADE ANDINA / G R U P O A N D I N O** 75

6 ESTÁGIOS DE INTEGRAÇÃO ECONÔMICA 79
6.1 **ZONAS PREFERENCIAIS** 79
6.2 **ÁREAS DE LIVRE COMÉRCIO** 79
6.3 **UNIÃO ADUANEIRA** 79
6.4 **MERCADO COMUM** 80
6.5 **UNIÃO ECONÔMICA** 80
6.6 **INTEGRAÇÃO TOTAL** 80
6.7 **UNIÃO EUROPEIA** 80
6.8 **INTEGRAÇÃO ECONÔMICA NAS AMÉRICAS** 83
6.9 **ALALC E ALADI** 83
6.10 **ACORDO DE LIVRE COMÉRCIO NA AMÉRICA DO NORTE (NAFTA)** 84
6.11 **PACTO ANDINO – COMUNIDADE ANDINA DAS NAÇÕES (CAN)** 86
6.12 **ÁREA DE LIVRE COMÉRCIO DAS AMÉRICAS (ALCA)** 87
6.13 **MERCADO COMUM DO SUL (MERCOSUL)** 89
6.14 **TRATADO DE ASSUNÇÃO** 90
6.15 **PROGRAMA DE LIBERAÇÃO COMERCIAL** 92
6.16 **LISTAS DE EXCEÇÕES** 92
6.17 **REGIME DE ADEQUAÇÃO FINAL** 93
6.18 **LISTAS BÁSICAS DE CONVERGÊNCIA** 94

6.19 LISTAS DE EXCEÇÕES.. 94
6.20 REGIME DE ORIGEM DO MERCOSUL................................ 95
6.21 SISTEMA DE SOLUÇÃO DE CONTROVÉRSIAS 95
6.22 SISTEMA GERAL DE PREFRÊNCIAS (SGP) E SISTEMA GLOBAL DE PREFERÊNCIAS COMERCIAIS (SGPC)..................................... 96
6.23 PAÍSES OUTORGANTES DO SGP - 15 DA UNIÃO EUROPÉIA E 14 MEMBROS DA OMC.. 96
6.24 SISTEMA GLOBAL DE PREFERÊNCIAS COMERCIAIS (SGPC) (MERCOSUL)... 98
6.25 PRÁTICAS DESLEAIS NO COMÉRCIO INTERNACIONAL 98
6.26 SUBSÍDIOS 99
6.27 ALGUMAS FORMAS DE SUBSÍDIOS ÀS EXPORTAÇÕES 99
6.28 *DUMPING*.. 100
6.29 MEDIDAS DE DEFESA COMERCIAL................................ 101
6.30 COMPENSATÓRIAS E DE SALVAGUARDA......................... 101
6.31 RESTRIÇÕES QUANTITATIVAS..................................... 103
6.32 DEFESA COMERCIAL NA OMC.................................... 104
6.33 DEFESA COMERCIAL NO MERCOSUL 104
6.34 DEFESA COMERCIAL NO BRASIL................................. 104
6.35 INSTITUIÇÕES INTERVENIENTES NO COMÉRCIO EXTERIOR DO BRASIL.. 106
6.36 CÂMARA DE COMÉRCIO EXTERIOR (CAMEX)..................... 106
6.37 CONSELHO CONSULTIVO DO SETOR PRIVADO (CONEX).......... 107
6.38 RECEITA FEDERAL DO BRASIL (RFB)............................. 107
6.39 ATRIBUIÇÕES NA ÁREA DE COMÉRCIO EXTERIOR 108
6.40 SECRETARIA DE COMÉRCIO EXTERIOR (SECEX)................... 109
6.41 BANCO CENTRAL DO BRASIL (BACEN) 111
6.42 CONTROLE DAS OPERAÇÕES DE CRÉDITO........................ 112
6.43 POLÍTICA CAMBIAL E DE RELAÇÕES FINANCEIRAS COM O EXTERIOR . 112
6.44 SUPERVISÃO DO SISTEMA FINANCEIRO NACIONAL 112
6.45 CONTROLE DO MEIO CIRCULANTE 113
6.46 OUTRAS ATRIBUIÇÕES 113
6.47 MINISTÉRIO DAS RELAÇÕES EXTERIORES (MRE) 114

7 CONCLUSÕES.. 115
8 REFERÊNCIAS 117

1. CENÁRIO

O mercado internacional é composto por muitos países, com suas características culturais e respectivas potencialidades econômicas de produção e consumo, resultando na oferta de inúmeras mercadorias e serviços, tornando as relações comerciais entre si extremamente complexas para a análise das características e viabilidades na comercialização.

1.1 IDENTIFICANDO OS PERSONAGENS

Comércio: troca de Bens e Serviços por algo equivalente ($$).

Mercado: reação natural à prática do Comércio.

Mercado de Trabalho: maior ou menor possibilidade de negócio ($$) dentro de uma de uma praça.

Mercado Paralelo (câmbio negro): operações ocultas aos meios fiscais para obtenção de melhores preços.

Praça: lugar onde o mercado se processa (realizado), podendo ser: local, regional, nacional ou internacional.

2. SÍNTESE HISTÓRICA DO DESENVOLVIMENTO DO COMÉRCIO

Iniciar-se-á a análise da síntese histórica do desenvolvimento do comércio, reportando-se ao período do século V, que se caracterizou pelo seu início, com as invasões bárbaras/germânicas ao Império Romano, na predominância dos feudos, com suas capacidades produtivas baseadas nas atividades agrícolas de subsistência e pastoris, caracterizando-se da seguinte forma:

2.1 PRODUÇÃO E MANUFATURA ARTESANAL

Consistindo-se basicamente em: Agricultura, Piscicultura, Pecuária, Caprinos, Equinos, Suínos, Aves e derivados.

A manufatura artesanal, compreendida em ferramentas (agrícolas, armas, desenvolvimento da tecnologia da manipulação do ferro e do bronze), caracterizou o início do comércio, o escambo (troca) entre as riquezas produzidas, ou seja: Agricultura x Agricultura (esforços + investimentos + "tecnologia empregada" similares) e Agricultura x Manufatura Artesanal (com esforços + investimentos + "tecnologia empregada" diferenciada entre si e sendo, portanto, possuidora de "valores de trocas" diferentes entre si, caracterizando-se o início dos movimentos/pensamentos das trocas mercantis diferenciadas, base do Mercantilismo.

À época, os pensadores iniciaram suas reflexões sobre as tendências e os comportamentos comerciais dos "gestores" do comércio x "consumidores", aliados às suas características culturais e à capacidade financeira, ou seja, foi o início da reflexão sobre o comportamento e as características dos feudos (países) e suas respectivas capacidades de gerar e consumir riquezas (próprias e/ ou de terceiros), sendo essas "reflexões" o início dos pensamentos e das ideias da economia. Entre eles podemos destacar:

2.2 MERCANTILISMO

Caracterizado pelo Comércio e a Troca de Mercadorias (Compra e Venda), que historicamente teve seu início nos séculos XVI e XVII, com o objetivo principal dos governos alcançar o máximo possível de desenvolvimento econômico mediante o acúmulo de riquezas, pois quanto maior a riqueza dentro de um reino, maior seria seu prestígio, poder e respeito internacional.

2.3 BULIONISMO

Caracterizado pelo acúmulo de Riquezas Naturais (metais preciosos), ou seja: os feudos (países) que não tinham a capacidade da produção agrícola e/ou manufatura artesanal devido às suas características geográficas e climáticas, assim como não tinham as condições ideais para o pastoreio ou a disponibilidade de recursos minerais naturais (ferro, carvão, metais preciosos etc.), "optaram" em "gerar riquezas" acumulando-as dentro de seus ambientes com a maior concentração de quantidade possível de pedras e metais preciosos (oriundos tanto do comércio e/ou da exploração deles em outros feudos/países, nem que para isso fosse necessário o uso da força ([guerras, combates etc.]).

Ainda, em último caso, devido à "saturação" dos feudos (países) disponíveis, buscaram por novas terras e suas respectivas riquezas (p. ex.: aventuras marítimas de espanhóis, franceses, holandeses e ingleses que resultaram em grandes descobertas no "além-mar"), visando única e exclusivamente acumular riquezas e poder e adquirir/comprar recursos básicos necessários.

2.4 CONFLITOS DOS AMBIENTES

Isso tudo levou à consequente rivalidade entre os feudos/países (países) e seus respectivos gestores (senhores feudais) e a intensas disputas territoriais. Posteriormente, essas "disputas" dividiram-se entre Monarquias e Repúblicas, e com respectivas "cisões", tornaram-se áreas e geograficamente limitadas independentes em poder, regras e capacidades produtivas e de concentrações de riquezas; ou seja: os países e seus respectivos ambientes econômicos.

2.5 VALORAÇÃO DA MERCADORIA E A "EQUIVALÊNCIA DE TROCA"

Devido às diferentes características econômico-financeiras nos ambientes (países) envolvidos nas trocas comerciais (o "escambo"), os "geradores" e os "adquirentes" viram-se obrigados a aplicar uma equivalência de valores para a efetivação das trocas comerciais, ocasionando a "**regra da proporcionalidade**", que equalizaria as "**capacidades produtivas** + **riquezas**" x "**capacidades financeiras e de recursos**", proporcionando uma **relação comercial "equilibrada e, principalmente, constante"**.

2.6 MERCANTILISMO FIDUCIÁRIO OU *NEOMERCANTILISMO*

A não capacidade produtiva e de geração de riquezas levou os países a criarem "ambientes financeiros" propícios ao interesse de terceiros, por meio da prática de políticas financeiras protecionistas e respectiva valorização de capitais, aplicando taxas tributárias de baixa carga percentual, atraindo terceiros que, devido às "convidativas taxas" tributárias optaram por manterem seus capitais financeiros nesses ambientes econômicos, hoje denominados de Paraísos Fiscais (*TAX HAVEN*), que nada mais são do que ambientes econômicos que praticam baixas cargas tributárias nas movimentações financeiras, transformando a "receita líquida" da tributação desses investimentos em seus ambientes como fonte de riqueza de suas economias.

2.7 COMÉRCIO INTERNACIONAL X DESENVOLVIMENTO ECONÔMICO

Todos os países do mundo preocupam-se com o seu desenvolvimento econômico. Os países mais pobres procuram aumentar suas riquezas, enquanto os mais ricos buscam desenvolvimento ainda maior para manterem-se entre as lideranças internacionais.

Motivados por essa ideia, os países dedicam especial atenção ao Comércio Internacional, pois a influência do resultado favorável de seu balanço de pagamentos é fundamental para o crescimento econômico almejado.

Atualmente, as necessidades da população de um país já não são mais satisfeitas com os bens produzidos internamente. Países desenvolvidos, como os Estados Unidos e países da Europa, transformaram-se em grandes importadores de produtos e serviços de países em desenvolvimento, como os países asiáticos, atraídos pela aplicação de novas técnicas de produção e matérias-primas, desenvolvidas pela mão de obra eficiente e barata.

As mudanças processadas no Comércio Internacional indicam a entrada, em uma época de integração e complementação industrial de bens e de serviços, em que os países desenvolvidos gastam enormes quantias em projetos de pesquisas de produtos e de implantação de novas tecnologias, com a evidente intenção de manter suas posições no mercado internacional.

2.8 ECONOMIAS DE ESCALAS

2.9 INVESTIMENTOS EM ESCALAS

- **Grandes Investimentos:** para Grandes Mudanças e Grandes Produções.

- **Médios Investimentos:** para Médias Mudanças e Médias Produções.

(**nota:** os custos envolvidos na Implantação podem apenas ser compensados com a produção em grande escala).

- **Pequenos Investimentos:** para Pequenas Mudanças e Pequenas Produções.

Caracteriza-se como o mais apropriado para o Desenvolvimento, pois envolve maior sofisticação.

Exemplo 1: nos Estados Unidos, a maioria dos computadores de grande porte é desenvolvida numa pequena localidade chamada Cray Research, CA.

Exemplo 2: na indústria automobilística, as maiores inovações tecnológicas têm sido realizadas em empresas menores, como Honda e Chrysler.

A análise do Comércio Internacional com base nas economias de escalas pressupõe uma grande vantagem para todos (empresas e países) em um mercado internacional perfeitamente competitivo, mas é necessário entender o que ocorre quando os acúmulos de rendimentos proporcionam às grandes empresas e aos países desenvolvidos o domínio dos mercados, acarretando um regime de **concorrência imperfeita**.

Nos mercados **perfeitamente competitivos**, em que existem muitos compradores e vendedores sem que nenhum deles represente uma grande parte do mercado, as empresas são tomadoras de preços, ou seja, os vendedores de produtos acreditam que podem vender seus produtos ao preço corrente e que eles não influenciam o preço pago pelo seu produto nos custos da produção.

Em um mercado de **concorrência imperfeita** surgem o **Monopólio** (mercado dominado por um país/sistema econômico ou uma empresa) e o **Oligopólio** (dominados por alguns países/sistemas econômicos ou empresas). As empresas sabem que podem influenciar os preços de seus produtos e que podem vender mais somente por meio da redução de seus produtos. Nesse caso, cada empresa/sistema econômico é formadora/formador de preços, definindo estrategicamente o preço de seus produtos.

O **Monopólio puro** proporciona lucros elevados às empresas/sistemas que gozam desse monopólio sobre determinados produtos, seja porque há poucos produtores ou porque o produto é visto pelos consumidores como intensamente diferenciado dos produtos concorrentes. No entanto uma empresa/sistema com lucros elevados atrai concorrentes, que buscam adquirir parte desses lucros. Assim, a situação de Monopólio puro é rara em economias de escalas altamente especializadas e produtivas como as existentes atualmente.

A estrutura de mercado mais comum nas economias de escalas é o **Oligopólio**, em que o mercado é dominado por diversas empresas/sistemas e cada uma delas grande o suficiente para dominar e afetar os preços, mas nenhuma com Monopólio sobre o mercado.

A estrutura geral do **Oligopólio** é que cada empresa/sistema, para determinar o preço de seus produtos, deve levar em conta não só as respostas de seus consumidores, mas também as respostas de seus concorrentes. Assim, as políticas de preços são interdependentes (exemplo: **Organização dos Países Exportadores de Petróleo [OPEP]**).

Existe um caso especial de oligopólio, que tem sido muito aplicado ao Comércio Internacional, conhecido como **concorrência monopolista**. Nesse modelo, cada empresa/sistema é considerada apta a diferenciar seus produtos dos produtos de seus concorrentes, e tal diferenciação proporciona que cada uma tenha um monopólio em seu produto particular dentro do mercado.

Do mesmo modo, em função da diferenciação do produto, a empresa/sistema não leva em conta os preços dos concorrentes na fixação do preço do seu produto, comportando-se como se fosse detentora de **monopólio puro** de mercado. Há alguns exemplos de empresas concorrentes monopolísticas no Comércio Internacional, como as detentoras de produtos de marcas mundialmente diferenciadas, como a "Coca- Cola" e algumas marcas de automóveis.

O Comércio Internacional afeta de forma incisiva o modelo de concorrência monopolística, uma vez que permite a criação de um **mercado integrado** maior do que o mercado de um só país (**Globalização**), o que possibilita o aumento da oferta de produtos aos consumidores, com *variedade maior de produtos* e *preços mais baixos*.

O Comércio Internacional proporciona, portanto, a entrada de outras empresas num sistema, até atingir o equilíbrio do mercado de acordo com o tamanho desse mercado. Um grande mercado comportará um número maior de empresas, cada qual produzindo em escala maior e com um custo menor do que em um pequeno mercado.

Outra consequência (*desastrosa, por sinal!*) do Comércio Internacional sobre o modelo de concorrência monopolística é a prática de *DUMPING*, ou seja, a discriminação de preços efetuada pelas empresas/sistemas monopolísticas, que exportam seus produtos a *preços inferiores* aos praticados no mercado interno, como forma de ingressar no mercado externo.

Como o Comércio Internacional permite a integração dos mercados, seja através da *Globalização* e/ou até mesmo na conjuntura dos *Blocos Econômicos*, as empresas que detêm monopólio sobre os produtos buscam novos mercados, ocorrendo também o chamado **Dumping recíproco**, no qual uma empresa/sistema monopolística faz dumping dentro do mercado dominado pela outra e vice-versa.

2.10 GANHOS PROPORCIONADOS PELO COMÉRCIO

Os países não têm condições de produzir todos os bens e serviços de que sua população necessita. Desse modo, procuram se especializar nas atividades produtivas, com a finalidade de aumentar a capacidade produtiva e trocar o *excedente* pelos outros produtos necessários aos seus habitantes por meio do Comércio Internacional. Como consequência, os mercados tornam-se mais competitivos e, portanto, mais eficientes. Com o passar do tempo surgem novos produtos, antes não produzidos, por não haver demanda interna suficiente e equilibrada.

Visando aumentar os Ganhos Comerciais, os países (*sistemas*) vêm se unindo em blocos continentais, por meio de movimentos de integração econômica regional, como a União Europeia (**UE**), o Acordo de Livre Comércio na América do Norte (**Nafta**), a Cooperação Econômica da Ásia e Pacífico (**Apec**) e o Mercado Comum do Sul (**Mercosul**), que se apresentam como fatores que muito tem contribuído para a expansão do Comércio Mundial, exercendo substanciais efeitos sobre o volume de transações internacionais.

Atualmente, ainda não se conseguiu uma total integração entre os países-membros, mas já se pode prever que todos os países deverão participar ativamente desses blocos, pois as vantagens são enormes. A remoção de *entraves aduaneiros* e de *restrições não tarifárias*, possibilitada por esses movimentos de integração econômica, estimulará a especialização e favorecerá as vocações naturais à divisão internacional do trabalho.

Com a estruturação dos grandes mercados comuns, cada *país-membro* deixa de produzir determinados itens produzidos pelos parceiros regionais, especializando-se em outros produtos, com *ganhos multilaterais* de custos e escalas, aumentando a formação de novas correntes internacionais de comércio e de novas redes de troca.

Apesar de restringir a participação de países *não membros*, os movimentos de integração regional acabam produzindo efeitos positivos no Comércio Internacional, em consequência do crescimento nas economias dos países do bloco, o que amplia a demanda por importações fora da área.

2.11 VANTAGENS ABSOLUTAS (ADAM SMITH – 1723-1790)

O princípio da Teoria das Vantagens Absolutas surgiu das ideias do economista inglês Adam Smith, em sua obra *A riqueza das nações*. As ideias básicas de Adam Smith eram que a especialização das produções, motivada pela divisão do trabalho na área internacional, e as trocas efetuadas no Comércio Internacional, contribuem para o bem-estar das populações. Dessas premissas, Smith conceituou a denominada **Teoria das Vantagens Absolutas**: *"Cada país deve concentrar seus esforços no que pode produzir a custo mais baixo e trocar o excedente dessa produção por produtos que custem menos em outros países"*.

Exemplo:

Quadro 1 – **Cenário global de Vantagens Absolutas**

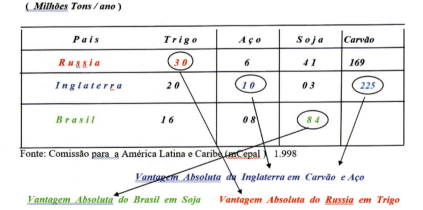

Fonte: Comissão Econômica para a América Latina e o Caribe (Cepal), 1998

2.12 VANTAGENS COMPARATIVAS (DAVID RICARDO – 1772-1823)

As ideias de Adam Smith foram desenvolvidas pelo economista britânico/português David Ricardo, que formulou a **Teoria das Vantagens Comparativas**, também chamada *Teoria dos Custos Comparativos*.

Ricardo demonstrou que o Comércio Internacional é vantajoso até mesmo nos casos em que uma nação produza internamente a custos mais baixos que a nação parceira, desde que em termos relativos às produtividades de cada uma sejam relativamente diferentes. Assim, a especialização internacional seria mutuamente vantajosa em todos os casos em que as nações parceiras canalizem seus recursos para a produção daqueles bens em que sua eficiência seja relativamente maior.

Com base na capacidade produtiva e respectiva potencialidade de comércio dos países no exemplo anterior (Rússia, Inglaterra e Brasil), suponhamos considerar uma análise de comércio entre Brasil e Inglaterra, em outras duas categorias diferentes de produtos: alimentos e tecidos. Admitamos que o Brasil tenha *vantagens relativas* na produção de *alimentos*, sem que a Inglaterra apresente vantagens absolutas na produção de *tecidos*. No Brasil, a produção média de alimentos por *trabalhador/dia* é de 0,5 unidade (IBGE) e a de tecidos é de 0,2 unidade (CNI). O *custo de produção* de tecidos no Brasil é 2,5 vezes superior ao custo de alimentos (CNI). Na Inglaterra, a produção de alimentos por *trabalhador/dia* é de *0,2 unidade* e a de tecidos é de *0,4 unidade*, e o custo de produção de tecidos é *2,0 vezes* superior ao custo de produção de alimentos (CB-UK).

2.13 COMÉRCIO E VANTAGENS COMPARATIVAS

- **Mobilidade** dos Fatores de Produção internamente e **Imobilidade** Inter-Países.

- *Valor da moeda* = **NEUTRA** (é simplesmente um *meio de troca!*).

- **Custos** = são determinados pelo montante de **Mob utilizada** (*teoria do valor – trabalho*).

Desse modo, recorrendo ao conceito de *Custo de Oportunidade*, pelo qual devemos considerar que todos os fatores de produção e não só o fator trabalho têm sua participação no processo produtivo (*terra, matéria-prima, capitais, know-how*), verificamos que o custo de produção de tecidos é maior no Brasil do que na Inglaterra.

Consequentemente, embora não se verifiquem vantagens ou desvantagens absolutas na produção de tecidos, dado que o custo unitário absoluto por *trabalhador – dia* é igual nos dois países, ocorrem custos relativos diferenciados.

Esses dados indicam que apesar de aparentemente não ser vantajoso para o Brasil efetuar qualquer troca com a Inglaterra, pois produz mais alimentos e é igual na produção de tecidos, a realidade é que, havendo especialização (do Brasil em alimentos e da Inglaterra em tecidos), poderão resultar *vantagens relativas bilaterais*.

Assim, ao conduzir à especialização e à divisão internacional do trabalho, seja por desiguais reservas produtivas, por diferenças de solo e de clima ou, ainda, por desigualdades estruturais de capital e trabalho, o comércio exterior aumenta a eficiência com que os recursos disponíveis em cada país podem ser empregados. E esse aumento de eficiência, possível sempre que observarem vantagens comparativas, eleva a produção e a renda nos países envolvidos nas trocas.

O modelo *Ricardiano* é o mais simples dos modelos que explicam como a diferença entre os países acarretam as *Trocas* e os *Ganhos* no Comércio Internacional, pois nele o trabalho é o único fator de produção e os países diferem apenas na produtividade do trabalho nas diferentes indústrias. Os países exportarão os bens produzidos com o trabalho interno de modo relativamente eficiente, ou seja, o padrão de produção de um país é determinado pelas **vantagens comparativas**.

2.14 TEORIA DA DEMANDA RECÍPROCA

2.15 JOHN STUART MILL (1806 - 1873) E FRANCIS YSIDRO EDGEWORTH (1845 - 1926)

Foi desenvolvida posteriormente pelo inglês Stuart Mill e pelo anglo-irlandês Edgeworth. Nessa teoria ocorre o inverso ao formulado pelo modelo Ricardiano. Segundo Mill, a base **não é a unidade** *de produto*, mas a *quantia em um mesmo número de horas* que dois países possam produzir.

De acordo com essa teoria, dois países *podem efetuar trocas* em *função das alterações nas demandas de cada país*, provocadas por problemas estruturais, que aumentam ou diminuem a necessidade momentânea que cada país tem das mercadorias negociadas. Portanto Mill introduziu um novo fator, que estabelece o valor de troca, que é a demanda pelas mercadorias negociáveis nos dois países, possibilitando a realização de comércio quando os preços equalizarem as demandas nos dois países.

A Teoria da Demanda Recíproca de Mill também foi estudada por Edgeworth e Alfred Marshall (1842 - 1924), com as denominadas **Curvas de Oferta**, sendo que a *Curva de Oferta* de um país é a *quantidade* de um produto que estará *disposto a exportar* em relação à *quantidade de outro produto* que estará *interessado em adquirir*. Assim, a *Curva de Oferta de* Edgeworth - Marshall expressa *a* **procura de uma mercadoria** (*importações*) em termos de **oferta de outra** (*exportações*).

O economista inglês *Frank B. Graham* criticava a Lei da Demanda Recíproca, afirmando que tal lei fazia da teoria do Comércio Internacional uma teoria do comércio de quantidades fixas de produção, em vez de uma teoria do comércio de mercadorias que são produzidas e reproduzíveis. Ele afirmou que a existência de muitos países e de muitas mercadorias possibilita a concorrência do Comércio Internacional, mesmo sem variações da procura por um específico bem de um determinado país.

2.16 ESPECIALIZAÇÃO E COMÉRCIO ENTRE PAÍSES COM ESTRUTURAS DE PRODUÇÃO SIMILARES

Conforme demonstrado, a ativação das exportações motivada pela especialização da produção em bens ajustados à estrutura interna de recursos é a mais firme garantia do aumento da capacidade de importação das nações.

A manutenção das redes internacionais de trocas, baseadas nas diferenças estruturais quanto à disponibilidade dos recursos, favorece a troca de recursos abundantes por recursos escassos. O trabalho e a terra, abundantes na maior parte das nações menos desenvolvidas, podem ser permutados com vantagens mútuas, pelo capital e pela tecnologia avançada, geralmente abundantes nas nações mais desenvolvidas.

A especialização do que foi exposto nos tópicos anteriores deveria ser altamente benéfica aos países envolvidos nas trocas internacionais, devido às próprias diferenças estruturais na disponibilidade de recursos de produção de uma nação. Porém essa *especialização* apresenta algumas limitações: se um país resolver aplicar todos os seus fatores de produção em um só artigo, especializando-se ao extremo, *como poderá garantir que colocará no mercado internacional o excedente da produção a preços compatíveis, que lhe possibilitem adquirir com tranquilidade e equilíbrio econômico os demais produtos de que necessita?* Ademais, a tendência em casos como esse é a de queda dos preços e, consequentemente, o *estrangulamento* de seu balanço de pagamentos.

Outros fatores devem ser levados em conta nas operações de comércio exterior, como: os custos de transporte (*Infraestrutura Federal, por vezes deficiente e onerosa*), que ocasionarão uma possível redução das *Vantagens Comparativas* em relação aos países mais distantes. Desse modo, os países somente usam os seus fatores para a produção de variados bens, mesmo naqueles em que não tenham vantagens comparativas.

No caso do Brasil, que tem vantagens comparativas, principalmente nos produtos agrícolas, mas procura utilizar os seus fatores também na produção de bens mais sofisticados, como aviões e automóveis, os países procuram evitar a especialização motivados por outras razões de ordem política, e mesmo para evitar a dependência em relação a outros países, produzindo bens considerados estratégicos, como: *combustíveis, armamentos* e *alimentos; por exemplo, a produção de álcool combustível no Brasil.*

Todavia, mesmo na situação de países com estrutura de produção semelhantes, ainda existem vantagens na especialização e nas trocas internacionais, sobretudo nas vantagens relacionadas com o aumento da eficiência na alocação de recursos, a expansão do mercado, a exposição do produtor interno à concorrência internacional e a eliminação de possíveis restrições monopolísticas sobre o volume da produção.

A expansão do mercado permite que as empresas tirem proveito e beneficiem-se da aplicação da *política de economia de escalas*, porque dificilmente elas não conseguiriam atingir essa expansão se ficassem limitadas exclusivamente ao mercado interno. As exportações por elas realizadas atuam no sentido de aumentar a eficiência na utilização dos recursos disponíveis. Se não houver restrições à colocação/disponibilização dos bens produzidos, os *ganhos de escala* podem ser mutuamente vantajosos.

Quando expostos à concorrência internacional, as empresas de um país são forçadas a aperfeiçoarem seus processos produtivos para melhorarem a qualidade de seus produtos e, dessa forma, poder comercializá-los a preços competitivos, o que acaba induzindo a inovações tecnológicas e a padrões de produção, mas próximos da ótima utilização dos recursos internamente disponíveis.

O Comércio Exterior realizado entre países estruturalmente semelhantes, como no caso dos países europeus, tem a vantagem de eliminar as fortes restrições advindas do monopólio que, de outro modo, persistiriam dentro dos estreitos limites do típico mercado nacional europeu.

2.17 COMÉRCIO DE PRODUTOS INDUSTRIALIZADOS X COMÉRCIO DE PRODUTOS PRIMÁRIOS

Considerando que nas regiões menos desenvolvidas a oferta relativa de produtos era *maior* em *Terra + Trabalho* e que nas regiões desenvolvidas era de *Capital + Trabalho*, vimos que essas diferenças estruturais na disponibilidade de recursos fizeram com que as regiões menos desenvolvidas se dedicassem mais à produção de *Produtos Primários* (agrícolas, pecuária, artesanato), enquanto as nações mais desenvolvidas dedicavam-se à produção de produtos manufaturados, máquinas e equipamentos.

As nações europeias cuidaram de adaptar seus esforços de produção à sua própria *tipologia de recursos*, desviando-se estrategicamente do fator *terra/solo*. Já a Inglaterra e os Estados Unidos canalizaram seus esforços sociais em atividades mais dependentes do *Capital*.

Porém essa estrutura vem sofrendo modificações quanto à disponibilidade relativa dos recursos *Trabalho* e *Capital* em relação ao fator *Terra* e, ainda, quanto à intensidade da oferta do *primeiro* em relação ao *segundo*. As migrações internacionais de mão de obra, associadas ao processo de formação, podem alterar a composição relativa desses três recursos, modificando-se os padrões de Comércio Internacional nas regiões atingidas pelas mudanças. Essencialmente, são essas alterações que explicam os movimentos que se operam na composição das pautas de importação e exportação das nações.

Os países menos desenvolvidos vêm procurando industrializar-se a todo custo, rejeitando a Teoria das Vantagens Comparativas, pois são dependentes da produção e da exportação de produtos primários, e motivados pelas constantes flutuações dos preços desses produtos no mercado internacional. Além do mais, a transferência de população do setor primário para o setor industrial contribui para a elevação do nível de vida de sua população, pois a remuneração do setor industrial é mais elevada que no setor primário.

O crescimento tecnológico proporcionou um incremento na produção dos países desenvolvidos, acarretando em consequência, num aumento das exportações de novos produtos. Tal incremento é decorrente das denominadas **Economias de Escalas**, nas quais a produção, de acordo com a escala na qual ocorre, é mais ou menos eficiente.

As **Economias de Escalas** geram incentivos ao Comércio Internacional, pois a concentração dos esforços na produção de uma determinada mercadoria em um país de economia de escala faz com que se aumente a produção da mercadoria com a utilização de menor quantidade de fatores de produção. Assim, o Comércio Internacional possibilita que cada país produza uma variedade restrita de bens e que se obtenham vantagens das economias de escalas sem sacrificar a variedade no consumo. Cada país especializa-se na produção de uma variedade limitada de produtos, o que possibilita produzir esses bens com mais eficiência do que se tentasse produzir tudo o que se necessita.

O Comércio Internacional proporciona também a disseminação das inovações tecnológicas, pois inicialmente apenas os países que detêm o conhecimento tecnológico para produzir determinado bem, podem produzi-lo e exportá-lo à medida que adquirem tais conhecimentos e ao se dispuserem dos outros fatores de produção, os países compradores passam a produzir, exportar e poder comercializar tal bem.

2.18 BARREIRAS TARIFÁRIAS E NÃO TARIFÁRIAS

2.19 BARREIRAS TARIFÁRIAS

São tarifas alfandegárias propriamente ditas, impostas sobre a importação de Bens e Serviços, visando à obtenção de receitas ou mesmo à proteção dos produtores locais. Cada país tem seu próprio sistema tarifário, que prevê alíquotas para cada produto. Podemos classificar as tarifas alfandegárias em:

2.20 TARIFAS SIMPLES

Compreende apenas uma lista de alíquotas aplicáveis a qualquer tipo de importação, sem diferenciar a origem e/ou a procedência.

2.21 TARIFA GERAL CONVENCIONAL

São aplicadas a mercadorias de países beneficiados com o tratamento de *nação mais favorecida*, enquanto as alíquotas gerais ou autônomas são aplicadas em todos os outros casos, em que não existem negociações ou reduções de direitos.

2.22 TARIFA PREFERENCIAL

Consiste em taxas reduzidas que são aplicadas por um país às importações provenientes de um ou vários países devido às relações particulares entre eles.

2.23 BARREIRAS NÃO TARIFÁRIAS

São obstáculos não tarifários, que desempenham papel importante na proteção à produção local. São aplicadas por meio de regulamentos que incidem sobre diferentes produtos e formas de comércio e podem ser:

2.24 RESTRIÇÕES QUANTITATIVAS

São fixação de cotas de comercialização (tanto na importação como na exportação) para determinados tipos de produtos, de acordo com as necessidades consideradas pelos órgãos governamentais.

2.25 RESTRIÇÕES DE CÂMBIO

Referem-se às restrições impostas às remessas de divisas para pagamento das importações efetuadas.

2.26 REGULAMENTOS TÉCNICOS E ADMINISTRATIVOS

Compreendem os regulamentos *fitossanitários* e *veterinários* de produtos alimentícios e farmacêuticos e demais regulamentos de normas técnicas.

2.27 FORMALIDADES CONSULARES

Exige-se que os embarques de mercadorias sejam acompanhados de documentos consulares, tais como: faturas e certificados de importação.

2.28 COMÉRCIO DE ESTADO

O comércio desenvolve-se geralmente no âmbito de acordos bilaterais que fixam os produtos e as quantidades que poderão ser comercializados.

2.29 INTERCÂMBIO

Alguns países, para efeito de proteção à produção local, costumam exigir que na aquisição de determinados produtos sejam comprados outros (*exportação do comprador*), como condição para a importação.

2.30 SISTEMA MULTILATERAL DE COMÉRCIO

2.31 ORGANIZAÇÃO MUNDIAL DO COMÉRCIO (OMC)

2.32 BILATERALISMO X MULTILATERALISMO

As operações de comércio exterior adquiriram um valor de extrema relevância no mundo atual, sobretudo pela distribuição de recursos mundiais, que levaram os países à especialização na produção de artigos de acordo com os seus fatores de produção, levando-os, necessariamente, a efetuar trocas no mercado internacional.

A partir do momento em que os países efetuam essas trocas, celebram tratados comerciais entre si com o objetivo de nortear as relações comerciais entre eles durante o prazo determinado nessas convenções.

Os tratados comerciais contêm cláusulas que tratam de variados aspectos, tais como: *direitos* e *obrigações* das empresas estrangeiras, instalação de representações comerciais estrangeiras, proteção de Marcas e Patentes, transporte e fretes internacionais, direitos aduaneiros etc.

2.33 PRINCIPAIS CLÁUSULAS DE UM TRATADO COMERCIAL

- A de reciprocidade de tratamento, em que os direitos aduaneiros somente serão alterados mediante acordo mútuo;

- A de paridade de tratamento de taxas, na qual os impostos devem ser aplicados também aos produtos similares nacionais;

- A de nação mais favorecida, em que os países signatários do tratado recebem os mesmos privilégios que porventura forem concedidos a outro país; Neste caso, ela pode ser incondicional, determinando a extensão do tratamento privilegiado automaticamente aos demais países signatários do tratado, ou condicional, indicando que deve ser oferecida em troca uma concessão recíproca equivalente.

Os Tratados Comerciais podem ser **Bilaterais**, quando abrangem apenas duas nações (vem daí a expressão *bilateralismo*), e **Multilaterais**, quando as suas disposições estendem-se a vários países, que as aprovam com a finalidade de incrementarem suas relações comerciais. A tendência mundial de integração regional tem feito com que *Tratados* e *Acordos* comerciais multilaterais sejam cada vez mais frequentes entre os países.

A redução de tarifas coordenadas internacionalmente mediante tratados e acordos comerciais iniciou-se com negociações bilaterais. Após 1931, os Estados Unidos começaram a realizá-las, tendo em vista o insucesso de leis e resoluções internas sobre a redução ou o aumento de tarifas. Assim, os EUA faziam um acordo com o país que era o principal exportador de um produto e ofereciam redução de tarifas sobre esse bem, desde que o país acordante reduzisse as tarifas sobre algumas exportações dos EUA.

Os acordos bilaterais proporcionaram uma redução do imposto médio sobre as importações norte-americanas de 59% em 1932 para 25% logo após a Segunda Guerra Mundial. Posteriormente, com o incremento do Comércio Internacional, os acordos internacionais tornaram-se *desvantajosos*, pois poderiam estender-se a outros países que não haviam feito qualquer concessão; também havia questões que envolviam vantagens se envolvessem mais do que dois países. Assim, a solução para a liberação do Comércio Internacional era prosseguir em negociações multilaterais que abrangessem diversos países.

Desde 1945, houve sete acordos multilaterais de Comércio Internacional relevantes. Os primeiros cinco tomaram a forma de acordos bilaterais paralelos, com cada país negociando aos pares e ao mesmo tempo com diversos países. Tais acordos permitiram reduções substanciais nas tarifas.

2.34 RODADAS DE NEGOCIAÇÕES

2.35 RODADA DILLON (1960 E 1961)

Na **Rodada Dillon**, os países europeus propuseram o método de *redução linear* das tarifas, o que ocorreu na rodada seguinte. De 1964 a 1967, na **Rodada Kennedy**, foi a primeira vez que a Comunidade Europeia participou das negociações como um bloco.

Realizou-se, assim, uma rodada de negociações entre participantes com poder de barganha mais equilibrado. Tal fato e a adoção da redução linear de tarifas proporcionaram uma redução de 35% na tarifa média dos produtos industrializados dos países desenvolvidos.

2.36 RODADA DE TÓQUIO (1973 A 1979)

A partir da crise do petróleo, os países desenvolvidos enfrentaram os problemas de desemprego e inflação acelerada, e o resultado foi o crescimento das **restrições comerciais** por parte desses países. O interesse em negociar o maior número de itens e a proliferação do uso das **barreiras não tarifárias** fizeram com que esses aspectos fossem considerados extremamente importantes nas negociações, obtendo-se os seguintes resultados:

- Redução em 30 % da tarifa média para produtos industriais.

- Regulamentação nos procedimentos relativos a barreiras não tarifárias, valoração aduaneira, licenciamento de importações, barreiras técnicas, compras governamentais, subsídios e antidumping.

- Reforma estrutural do *General Agrement on Tarifs and Trade (GATT)* – Acordo Geral sobre Tarifas e Comércio, para os *Países em Desenvolvimento (PED)*, sendo oficialmente reconhecido o direito à isenção na cláusula de nação mais favorecida e a reciprocidade em favor dos *PEDs*. A cláusula de habilitação permite que os países desenvolvidos concedam tratamento diferenciado e mais favorável aos *PEDs* sem reciprocidade.

- Facilitação ao uso de restrições não tarifárias, em função de distorções no *Balanço de Pagamentos* (o Brasil foi um dos países que defendeu essa posição e utilizou por bastante tempo essa prerrogativa, da qual abriu mão oficialmente em 1990, com o Governo Collor).

Nota: *a área da agricultura não foi substancialmente atingida por essas negociações.*

2.37 RODADA DO URUGUAI (1986 A 1993) – TM-93 – MERCOSUL

As restrições ao comércio e às barreiras foram sendo reduzidas gradualmente, em lento e difícil processo de negociação. O GATT, mediante o processo de negociações de redução tarifária, contribuiu sensivelmente para estimular a expansão do Comércio Internacional, ainda que funcionasse de forma provisória e dentro de um reduzido âmbito de atuação.

Entretanto, nas últimas décadas surgiram fenômenos políticos e comerciais que influenciaram os rumos da economia internacional, entre eles:

- Os serviços e a tecnologia aparecem como valores de grande importância na economia internacional, além do Comércio Internacional de bens.

- A forte tendência à organização em blocos comerciais.

- O surgimento de novos componentes na concorrência comercial, como os aspectos relacionados ao meio ambiente, normas sanitárias mais exigentes, defesa dos interesses dos consumidores.

- O *pós-guerra fria*, que eliminou o panorama bipolar das relações internacionais e permitiu o aparecimento do *multilateralismo* e da *globalização*.

- A derrocada da filosofia comunista como modelo de governo e o alargamento das fronteiras do capitalismo, principalmente no que diz respeito aos países do leste europeu.

Os países perceberam, então, que esse novo cenário internacional, a capacidade do Acordo Geral de Tarifas no Comércio (**GATT**) para atuar como instrumento adequado para a administração do comércio mundial, estava se esgotando. As negociações realizadas no decorrer da *Rodada Uruguai* culminaram na elaboração de um novo conjunto de regras e instrumentos mais adequados à nova realidade do contexto internacional e na criação da Organização Mundial do Comércio (**OMC**).

A *Rodada Uruguai*, lançada oficialmente em *Punta del Este*, em 1986, representou a emergência de um novo paradigma de agenda negociadora, por meio da incorporação de negociações de políticas à tradicional negociação de produtos. Esse enfoque permeou as negociações do Acordo de Livre Comércio na América do Norte (**NAFTA**) e do Mercado Comum do Sul (**MERCOSUL**), reaparecendo com força nas discussões sobre a constituição da Área de Livre Comércio das Américas (**ALCA**).

O foco das negociações comerciais multilaterais deslocou-se da redução das barreiras ao comércio de mercadorias, para a negociação de regras e disciplinas aplicáveis a temas tão diversos quanto o comércio de bens e serviços, os investimentos internacionais e as políticas industriais nacionais e os direitos de propriedade intelectual (*Marcas e Patentes de Invenção*).

Entre os resultados da *Rodada Uruguai* cabe ressaltar, além da constituição da Organização Mundial do Comércio (**OMC**), os seguintes pontos:

- A incorporação da agricultura e do setor de têxteis e confecções (*setor até então coberto pelo Acordo Multifibras*) às regras e às disciplinas do Acordo Geral de Tarifas no Comércio (**GATT**), a ser efetuada gradualmente, por meio dos instrumentos de proteção, e no caso da agricultura, da redução de subsídios.

- Novas reduções das tarifas industriais dos países desenvolvidos e a consolidação do universo tarifário de produtos industriais de um grande número de países em desenvolvimento.

- A incorporação e diversos temas não diretamente ligados ao comércio, Medidas de Investimentos relacionadas ao Comércio (**TRIMS**), Direitos de Propriedade Intelectual (**TRIPS**) e compras governamentais. O alcance desses acordos é bastante diferenciado e, entre eles, apenas os acordos de serviços e de TRIPS têm o mesmo estatuto e abrangência que o **GATT** (Acordo Aplicável ao Comércio de Bens).

- Os mecanismos de solução de controvérsias e de monitoramento de políticas comerciais nacionais tornam-se muito mais robustos e sistemáticos. No caso de Solução de Controvérsias, o mecanismo ganha em capacidade de enforcement (**sanção**) e é reduzida drasticamente a capacidade de bloqueio das decisões por parte do país afetado por essa medida. No que se refere ao monitoramento das políticas comerciais, institui-se o Trade Policy Review Mechanism (**TPRM**), para uma avaliação regular das políticas, ao mesmo tempo em que os países-membros são obrigados a enviar à OMC notificações vinculadas aos compromissos de *"internalizar"* em suas legislações nacionais as normas acordadas na Rodada e de aplicar as reduções de medidas de proteção e de apoio a que se comprometeram nas listas nacionais de oferta e nos acordos de subsídio, **TRIMS** etc.

- O tratamento diferencial e mais favorável concedido é consideravelmente reduzido, na tradição do Acordo Geral de Tarifas no Comércio (**GATT**), aos países em desenvolvimento, e esse tipo de tratamento é restrito a períodos de transição e de adaptação mais longos, autorizados aos países em desenvolvimento – em especial aos países menos desenvolvidos –, para a adoção de regras e disciplinas comerciais e de investimentos. Para os países em desenvolvimento, essa mudança é traduzida em considerável redução das margens de manobra para o uso de instrumentos discriminatórios de proteção e de promoção dos produtos domésticos.

Apesar desses resultados, a *Rodada* pouco avançou para restringir o uso abusivo de instrumentos de proteção contingente, como o *"antidumping"*, e remanesce a escalada tarifária, além de *"picos"* que, praticados pelos países desenvolvidos, tendem a afetar com especial intensidade as exportações agropecuárias dos países em desenvolvimento. Por outro lado, os níveis tarifários consolidados pelos países em desenvolvimento para produtos industriais continuam bastante elevados, garantindo a esses países, uma margem legal de administração da proteção tarifária para tais produtos.

Na continuidade da *Rodada Uruguai*, entre 1996 e 1997, foram concluídos três importantes acordos de liberalização, aplicáveis aos produtos de tecnologia de informação, aos serviços básicos de telecomunicações e aos serviços financeiros. Há uma vasta agenda de *"negócios indefinidos"* da *Rodada Uruguai* e foram assumidos, na própria conclusão da *Rodada*, com o compromisso final de retornar às negociações antes do final do século, em áreas como: *Serviços, Agricultura* e *Compras Governamentais.*

A essa extensa agenda, a *Reunião Ministerial de Cingapura* (dezembro de 1996), agregou a criação de grupos de trabalho, encarregados de analisar os temas de compras governamentais, as relações entre comércio e investimentos, e as relações entre política de concorrência e Comércio Internacional.

As pressões para a ampliação da agenda partem mais uma vez dos países desenvolvidos, mas têm hoje uma dupla origem: de um lado, a inclusão nas negociações de temas como *investimentos, políticas de competição* e *reformas regulatórias,* atendendo aos interesses corporativos transnacionais.

Para os interesses empresariais são prioritários, na agenda herdada da *Rodada Uruguai,* o aprofundamento do processo de liberalização em serviços e dos compromissos assumidos nas áreas de compras governamentais e de direitos de propriedade intelectual. De outro lado, as *ONGs* e os *Sindicatos* também estão se tornando atores globais e pressionam crescentemente para a inclusão de temas ambientais e trabalhistas na agenda do Comércio Internacional.

Durante a *Rodada Uruguai,* o Brasil evoluiu de uma posição essencialmente negativa em relação à agenda proposta para uma postura de compromisso, viabilizada principalmente pelas mudanças domésticas liberalizantes, introduzidas na política comercial e na regulação de serviços e de investimentos. A agenda da *Rodada do Milênio* pode vir a incluir, além dos itens conflitados, um novo ciclo de reduções de *barreiras tarifárias* e *não tarifárias,* que impactam o comércio de produtos industriais e os chamados novos temas das negociações multilaterais (*investimentos, políticas de competição, meio ambiente* e *normas de trabalho*).

2.38 ORGANIZAÇÃO MUNDIAL DO COMÉRCIO (OMC)

A **OMC** surgiu na assinatura da Ata Final da *Rodada Uruguai,* em acordo concluído em Marrakesh, sendo a sua sede em Genebra, Suíça (*país politicamente neutro*), com a seguinte estrutura:

OMC
ORGANIZAÇÃO MUNDIAL do COMÉRCIO

www.wto.org

Surgiu na assinatura da Ata Final da Rodada Uruguai, em acordo concluído em MARRAKECH, com sede em Genebra (Suíça = país politicamente neutro!).

ESTRUTURA:

- *Conferência Ministerial*: ratifica das negociações comerciais;
- *Conselho Geral*: supervisiona as decisões da conferência;

ÓRGÃOS DO CONSELHO:

GATT: *Conselho de Mercadorias*;

GATS: *Conselho de Serviços*;

TRIPS: *Conselho de Propriedade Intelectual*;

OSC : SOLUÇÃO DE CONTROVERSIAS: *controla o cumprimento das Recomendações e autoriza medidas de retorção comercial*.

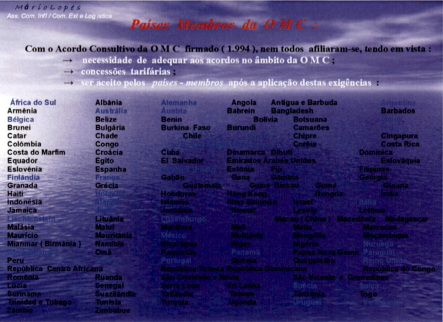

Países Membros da O M C :

Com o Acordo Consultivo da O M C firmado (1.994), nem todos afiliaram-se, tendo em vista:
- → necessidade de adequar aos acordos no âmbito da O M C;
- → concessões tarifárias;
- → ser aceito pelos *países-membros* após a aplicação destas exigências:

África do Sul	Albânia	Alemanha	Angola	Antigua e Barbuda	Argentina
Armênia	Austrália	Áustria	Bahrein	Bangladesh	Barbados
Bélgica	Belize	Benin	Bolívia	Botsuana	
Brunei	Bulgária	Burkina Faso	Burundi	Camarões	
Catar	Chade	Chile		Chipre	Cingapura
Colômbia	Congo			Coréia	Costa Rica
Costa do Marfim	Croácia	Cuba	Dinamarca	Dibuti	Dominica
Equador	Egito	El Salvador	Emirados Árabes Unidos		Eslováquia
Eslovênia	Espanha		Estônia	Fiji	Filipinas
Finlândia	França	Gabão	Gana	Gâmbia	Geórgia
Granada	Grécia	Guatemala	Guiné Bissau	Guiné	Guiana
Haiti	Holanda	Honduras	Hong Kong	Hungria	Índia
Indonésia	Iêmen	Islândia	Ilhas Salomão	Israel	Itália
Jamaica		Jordânia	Kuwait	Lesoto	Letônia
Liechtenstein	Lituânia	Luxemburgo		Macau (China)	Macedônia	Madagascar
Malásia	Malui	Maldivas	Mali	Malta	Marrocos
Maurício	Mauritânia	México	Moldávia	Mongólia	Moçambique
Mianmar (Birmânia)	Namíbia	Nicarágua	Niger	Nigéria	Noruega
Nova Zelândia	Omã	Paquistão	Panamá	Papua Nova Guiné	Paraguai
Peru		Portugal	Quênia	Quirguistão	Reino Unido
República Centro Africana		República Tcheca	República Dominicana		República do Congo
Romênia	Ruanda	São Cristóvão e Nevis		São Vicente e Granadinas	
Lúcia	Senegal	Serra Leoa	Sri Lanka	Suécia	Suíça
Suriname	Suazilândia	Tailândia	Taiwan	Tanzânia	Togo
Trinidad e Tobago	Tunísia	Turquia	Uganda	Uruguai	Venezuela
Zâmbia	Zimbabue				

Conferência Ministerial: visa ratificar as negociações comerciais.

- **Conselho Geral:** supervisiona as decisões da conferência.

Órgãos do Conselho:

GATT – Conselho de Mercadorias: supervisiona os acordos de comércio e Tarifas sobre mercadorias.

GATS – Conselho de Serviços: supervisiona acordos de comércio de serviços.

TRIPS – Conselho de Propriedade Intelectual: supervisiona os acordos dessa área.

ÓRGÃO DE SOLUÇÃO DE CONTROVÉRSIAS: controla o cumprimento das recomendações e autoriza medidas de compensação comercial.

ORGÃO DE EXAMES DAS POLÍTICAS COMERCIAIS: analisa as decisões dos governos sobre o comércio.

SECRETARIADO, com um diretor-geral

A OMC objetiva ser a moldura para a condução das relações, o foro para as negociações entre os membros, e administrar o entendimento relativo às normas e aos procedimentos que regem a solução de *controvérsias*, cooperando com o Fundo Monetário Internacional (**FMI**) e o Banco Internacional para Reconstrução e Desenvolvimento (**BIRD**).

Como os Estados subdesenvolvidos mantêm poucas vantagens no comércio com os países ricos, há um acordo de *Salvaguardas* para o caso de uma importação de um bem acarretar prejuízo grave, que leve a uma deterioração da indústria nacional.

A OMC possibilita regras de comércio liberal, diferentemente do GATT, em que os países tinham maior liberdade para serem protecionistas. Só há obrigação do tratamento de nação mais favorecida, especialmente na área de serviços. O GATT - 94 é formado pelos acordos relativos aos GATS e ao TRIPS (*Trade Related of Intellectual Property Rights* – Acordo sobre os Aspectos dos Direitos de Propriedade Intelectual Relacionados ao Comércio), que integram a OMC, e só pode aderir a tais acordos quem é afiliado à OMC, bem como quem deseja aderir à OMC deve aderir GATT - 94.

2.39 PAÍSES-MEMBROS

Em 1994, quando foi firmado o Acordo Consultivo da OMC, nem todos os países tinham interesse em se filiar à organização, uma vez que a adesão exigia a aceitação de todos os acordos negociados durante a *Rodada Uruguai* (à exceção dos acordos plurilaterais). No decorrer do tempo, a OMC passou a desempenhar um importante papel na regulação do comércio mundial e na solução de controvérsias entre os países-membros, o que fez com que alguns desses países iniciassem o processo de adesão, visando participar do enorme mercado global criado a partir da OMC.

Para ter acesso à OMC, o país solicitante necessita, primeiramente, adequar sua legislação interna aos diversos acordos existentes no âmbito da OMC. Em seguida, vem a fase das concessões tarifárias, em que cada país-membro faz uma lista de pedidos de redução tarifária para produtos de seu interesse exportador. Essas listas são entregues ao país solicitante, que estudará e concederá os rebaixamentos tarifários naqueles produtos que julgue não prejudiciais à estabilidade de sua economia.

Se houver consenso entre todos os países-membros de que a quantidade e o nível de concessões são satisfatórios, o país solicitante será aceito como novo membro da organização. Caso contrário, retomam-se as negociações. As decisões no âmbito da OMC são tomadas sob o princípio do consenso, isto é, a solução estará aprovada quando nenhum dos membros discordar.

No Brasil, sempre que um país solicita a adesão à OMC, o *Departamento de Negociações Internacionais* (DEINT) (*vinculado ao Ministério de Relações Exteriores [MRE] e em parceria com o Ministério do Desenvolvimento Indústria e Comércio [MDIC]*) publica aviso no *Diário Oficial da União* (DOU) e envia comunicado às entidades de classe para que elas manifestem seus interesses. Após isso, o DEINT consolida a lista que será negociada com o país solicitante.

2.40 ACORDOS DA OMC

A **OMC** tem o encargo de administrar duas categorias de acordos: os acordos *Multilaterais* e os *Plurilaterais*.

3. ACORDOS MULTILATERAIS

São os acordos e os instrumentos jurídicos conexos, (*descritos a seguir*), que formam parte do acordo Constitutivo da OMC e são vinculantes para todos os membros, a saber:

- Acordos **Multilaterais** sobre o comércio de bens.

- **Acordo Geral sobre Tarifas e Comércio** de 1994 **(GATT - 94)**.

- Acordo sobre a **Agricultura**.

- Acordo sobre aplicação de **Medidas Sanitárias e Fitossanitárias**.

- Acordo sobre Têxteis e **Confecções**.

- Acordo sobre os **Obstáculos Técnicos ao Comércio**.

- Acordo sobre as Medidas em Matéria de **Investimentos** relacionados ao **Comércio**.

- Acordo sobre a aplicação do **Artigo VI** do **GATT** (*dumping*).

- Acordo sobre a aplicação do **Artigo VII** do **GATT** (**valoração aduaneira**).

- Acordo sobre a **Inspeção Prévia** à Expedição.

- Acordo sobre **Normas de Origem**.

- Acordo sobre os **Procedimentos** para o Trâmite de **Licenças de importação**.

- Acordo sobre **Subsídios** e **Medidas compensatórias**.

- Acordo sobre **Salvaguardas**.

- **Acordo Geral sobre o Comércio de Bens e Serviços (GATS)**.

3.1 GATT - ACORDO GERAL DO COMÉRCIO DE BENS

3.2 GATT (GENERAL AGREEMENT ON TARIFS AND TRADE) - 1994

Foi criado a partir da Conferência de *Bretton Woods*, USA (1947), que determinou a criação de uma Organização Internacional de Comércio (OIC), com a finalidade de reduzir os obstáculos ao intercâmbio comercial, elaborar um código de normas comerciais e desenvolver as trocas internacionais. A partir de 1947, a comissão encarregada pela Conferência de criar essa organização iniciou o desenvolvimento do acordo, contendo os regulamentos aduaneiros, em um acordo multilateral de comércio, tendo seu desenvolvimento sequencial mediante as seguintes etapas:

- Criação da **Organização Mundial das Aduanas (OMA)** (1952).

- Acordo de Definição de Valor de Bruxelas (1953) (**valoração aduaneira**).

- **Rodada Dilon** (1960-1961).

- **Rodada Kennedy** (1964-1967) – 1ª participação dos europeus.

- **UNCTAD** e do *Sistema Geral de Preferências* (**SGP**) (1964).

- **Rodada de Tokyo** (1973-1979) – "Crise do petróleo".

- **Rodada do Uruguai** (1986-1993) – **TM - 93 – MERCOSUL**

Desse modo, o GATT *não é um organismo internacional* como o FMI ou o BIRD, mas um *Acordo norteador* das regras de Comércio Internacional, do qual são dignitários os países-membros.

3.3 PRINCIPAIS PRINCÍPIOS QUE NORTEIAM A AÇÃO DO GATT

- O comércio deve ser conduzido de maneira não discriminada.

- O uso de restrições quantitativas é condenado.

- As disputas devem ser resolvidas por meio de consultas.

3.4 EXCEÇÕES AOS PRINCÍPIOS

- Países que estejam enfrentando dificuldades no balanço de pagamentos.

- Países subdesenvolvidos que tenham necessidade de acelerar seu desenvolvimento econômico.

- Importação de produtos agrícolas ou de pesca, se a produção doméstica desses artigos for igualmente sujeita a uma produção restrita ou a controles de mercados.

Dentre as cláusulas do GATT, a cláusula número 1 – Cláusula da Nação Mais Favorecida –, é de fundamental importância, sendo tema para infinitas fundamentações jurídicas, com a intenção de fazer valer os direitos de cada importador quando se sentir prejudicado em função de interpretações aplicável no território de qualquer país membro do GATT ou de outro acordo internacional. O texto dessa cláusula dispõe:

3.5 TRATAMENTO GERAL DA NAÇÃO MAIS FAVORECIDA

1- Qualquer vantagem, favor, imunidade ou privilégio concedido por uma parte contratante em relação a um produto originário de, ou destinado a qualquer outro país, será imediata e incondicionalmente estendido a qualquer outro produto similar, originário do território de cada uma das partes contratantes ou ao mesmo destinado. Esse dispositivo refere-se aos direitos aduaneiros e encargos de toda a natureza que agravem a importação ou a exportação, ou a eles relacionem-se aos que recaiam sobre as transferências internacionais de fundos para pagamento de importações e exportações, e que digam respeito ao método de arrecadação desses direitos e encargos, ou ao conjunto de regulamentos ou formalidades estabelecidos em conexão com as importações e exportações, bem como aos assuntos incluídos nos parágrafos 1.° e 2.° do *artigo III*.

Essa cláusula estabelece que se um país signatário do GATT conceder uma redução de tributos a outro país – membro ou não do Acordo –, os outros países-membros terão o mesmo tratamento.

(**ex.:** *suponhamos que o Brasil reduza o Imposto de Importação para uma mercadoria procedente dos Estados Unidos. Automaticamente, deverá estender esse benefício aos outros países signatários do GATT*).

O GATT permite a utilização de subsídios à exportação por parte dos signatários desde que tal atitude não cause prejuízo a setores produtivos de outros *países-membros*. Para isso, o GATT estabeleceu o *Código de Subsídios à Exportação* e *Medidas Compensatórias*, para tentar manter o equilíbrio nas operações de Comércio Internacional, assim como o Código *Antidumping*, com o objetivo de assegurar, nas importações e nas exportações, *preços reais* e medidas legais *não fictícias* ou *arbitrárias*.

Portanto, sempre que ocorrer qualquer distorção em valores de comércio exterior, os países prejudicados poderão, mediante investigações no país exportador, comprovar a prática de *dumping* ou subsídios que causem danos às indústrias domésticas, e o GATT poderá aplicar sanções que têm por finalidade corrigir os direitos danosos causados pelo exportador.

De acordo com o artigo XXIV do GATT, apesar de seu objetivo principal ser eliminar a discriminação no Comércio Internacional, não é proibida a formação de blocos econômicos ou aduaneiros que objetivem a remoção de tarifas ou outras barreiras ao comércio entre países participantes desses blocos. Desse modo, as *Zonas de Livre Comércio* ou as *Uniões Aduaneiras* são permitidas e, inclusive, recebem o apoio do GATT.

O GATT ainda fiscaliza os regulamentos internos dos *países-membros*, com o objetivo de verificar se eles, por meio de *criação de tributos* ou *exigências administrativas*, estão dificultando o intercâmbio internacional. Assim, as regras e as exigências aduaneiras aplicadas aos produtos nacionais serão extensivas aos similares estrangeiros.

A sede do GATT localiza-se em Genebra, Suíça (*país neutro*). Periodicamente, seus *países-membros* promovem negociações Multilaterais (*Rodadas*) para estabelecerem reduções tarifárias e discutirem outros assuntos relacionados ao Comércio Internacional.

3.6 ACORDO GERAL SOBRE O COMÉRCIO DE SERVIÇOS (GATS)

O Acordo Geral sobre o Comércio de Serviços (GATS) tem os seguintes princípios básicos:

- Transparência.

- Liberalização progressiva dos mercados aos prestadores de serviços estrangeiros.

- Tratamento para os prestadores de serviços estrangeiros igual ao tratamento dado aos prestadores nacionais.

- Cláusula e Nação mais Favorecida.

- Acesso ao mercado pelos membros do Acordo.

- Direito à regulamentação e à Participação crescente dos países em desenvolvimento.

3.7 SETORES DE SERVIÇOS ALCANÇADOS PELO GATT

- *Telecomunicações.*

- *Construção.*

- *Transporte.*

- *Turismo.*

- *Serviços financeiros* (serviços bancários, mercado de capitais e seguros).

- *Serviços profissionais* (serviços legais, contabilidade, publicidade, administração, arquitetura, saúde, engenharia e software).

3.8 ACORDO SOBRE OS DIREITOS DE PROPRIEDADE INTELECTUAL RELACIONADOS AO COMÉRCIO (TRIPS)

O Acordo sobre os Direitos de Propriedade Intelectual Relacionados ao Comércio (TRIPS) define as condições gerais e os princípios básicos relativos à Propriedade Intelectual.

O TRIPS destaca especialmente a aplicação do princípio da *Cláusula de Nação mais Favorecida* à *Propriedade Intelectual* e do compromisso de *tratamento nacional*, que determina que um *país-membro* não pode dar a um estrangeiro tratamento legal diferenciado daquele dado às pessoas e às empresas nacionais.

O Acordo trata dos direitos de propriedade relativos a:

- Copyright.

- Marcas.

- Designações Geográficas.

- Desenho Industrial.

- Patentes.

- Desenhos de Circuitos Integrados.

- Proteção do Segredo industrial.

- Transferência de Tecnologia.

- Controle de Práticas Não Competitivas em Licenciamento.

O TRIPS estipula que os autores de programas para computadores e de gravações de áudio e vídeo têm o direito de proibir a locação de seus trabalhos. Os direitos sobre gravações de apresentações ao vivo são protegidos por *cinquenta* anos. A propriedade sobre desenhos industriais é protegida por *dez* anos.

O Acordo estabelece ainda que uma Patente pode ser registrada desde que o produto fabricado ou o processo de fabricação seja novo, envolva uma invenção e seja passível de utilização industrial. O direito sobre a patente é de *vinte* anos.

3.9 ACORDO SOBRE MEDIDAS DE INVESTIMENTOS RELACIONADOS AO COMÉRCIO (TRIMS)

O Acordo sobre *Medidas de Investimentos Relacionadas ao Comércio* (TRIMS) regulamenta a imposição de *medidas restritivas* por parte dos *países-membros* às empresas estrangeiras que se instalam em seus territórios.

3.10 EXEMPLOS DE MEDIDAS RESTRITIVAS TRATADAS NOS ACORDOS

- Restrições para remessas monetárias.

- Restrições para vendas domésticas.

- Obrigações relativas a conteúdo local.

- Requisitos de substituições de importações.

- Obrigações quanto à necessidade de exportações.

- Obrigatoriedade de licenciamento.

- Obrigatoriedade de participação de capital nacional.

- Restrições relativas a câmbio.

Os *países-membros* assumem compromisso de não aplicar medidas restritivas que contrariem os princípios de tratamento nacional e de restrições quantitativas.

Os países em desenvolvimento podem se eximir do cumprimento de algumas regras do Acordo caso estejam com problemas sérios em seus balanços de pagamentos.

3.11 ACORDO SOBRE MEDIDAS SANITÁRIAS E FITOSSANITÁRIAS (SPS)

O *Acordo sobre Medidas Sanitárias e Fitossanitárias* (SPS) trata da qualidade de alimentos e da saúde animal e vegetal nas transações comerciais.

Os *países-membros* devem aceitar as medidas adotadas por outros membros como equivalentes às suas se o exportador demonstrar objetivamente que suas medidas atingem o grau de proteção apropriado.

O país exportador deve permitir que o país importador faça inspeções para atestar os cuidados sanitários.

O **SPS**, sem deixar de respeitar a soberania dos *países-membros*, procura impedir que as medidas sanitárias sejam utilizadas como *barreiras não tarifárias* para o acesso aos mercados.

3.12 ACORDO SOBRE BARREIRAS TÉCNICAS AO COMÉRCIO (TBT)

O *Acordo sobre Barreiras Técnicas ao Comércio* (TBT) procura limitar a utilização de barreiras e obstáculos para dificultar o acesso de produtos estrangeiros aos mercados.

Os *países-membros* acordam dar aos produtos importados tratamento igual aos dados a produtos nacionais no que tange à observação de regulamentos técnicos. Asseguram, ainda, que os regulamentos técnicos não serão aplicados como *barreiras não tarifárias* aos produtos estrangeiros.

3.13 SISTEMA DE SOLUÇÃO DE CONTROVÉRSIAS NA OMC

A solução de controvérsias é administrada pelo Órgão para a Solução de Controvérsias (OSC). Não há sanções eficazes e são proibidas contramedidas unilaterais. A solução para uma *Controvérsia* começa por uma negociação. Caso não se chegue a um acordo num prazo de *sessenta* dias, constitui-se um *grupo especial*, denominado *"panel"*, cuja composição é definida pela OMC. O *"panel"* envia um relatório ao OSC. Se não houver apelação, o procedimento recomendado no relatório é adotado em *sessenta* dias.

3.14 AS NEGOCIAÇÕES NA OMC

3.15 RODADA DO MILÊNIO

A Terceira Reunião Ministerial da OMC, realizada no final de 1999, em Seattle, USA, não se converteu, como era esperado, no lançamento de uma nova rodada de negociações comerciais multilaterais, denominada *Rodada do Milênio*. Com interesses diversificados, em termos geográficos e de produtos, um novo ciclo de negociações traria para o Brasil uma série de desafios, mas certamente seria a oportunidade mais adequada para negociar melhores condições de acessos aos mercados para suas exportações e para apresentar ofertas de liberalização de seu mercado doméstico.

Com a deterioração da situação econômica internacional, a partir de 1997, reacenderam-se as preocupações com os desequilíbrios comerciais entre os principais *players* do Comércio Internacional. A partir desse momento pôde-se presenciar:

- Ao recrudescimento dos conflitos comerciais, envolvendo, inclusive, os grandes *players* do Comércio Internacional.

- O recurso às medidas unilaterais e às *pressões bilaterais*, especialmente por parte dos EUA (*por meio da* **Super-301**), como meio de alcançar seus objetivos comerciais (*com base na análise do Dr. Durval de Noronha Goyos, analista em Direito Internacional, da Lei dos Tratados; seção 301 do Ato sobre Tarifas e Comércio dos EUA, que autoriza o governo norte-americano a aplicar sanções comerciais contra países que tomem medidas comerciais contrárias aos seus interesses; a postura desse país com relação ao GATT, caracterizada como intransigente na aceitação de regras multilaterais; e a utilização abusiva da legislação antidumping*).

- Ao reforço, principalmente nos EUA e na União Europeia, de posições políticas que se pautam por uma avaliação genérica de que a *Globalização foi longe demais* e, além de produzir desempregos nos países da Organização para Cooperação e Desenvolvimento Econômico (OCDE) – composta pelos seguintes países: Alemanha, Austrália, Áustria, Bélgica, Canadá, Coreia do Sul, Dinamarca, Eslováquia, Espanha, Estados Unidos, Finlândia, França, Grécia, Hungria, Irlanda, Islândia, Itália, Japão, Luxemburgo, México, Noruega, Nova Zelândia, Países Baixos, Polônia, Portugal, Reino Unido, República Checa, Suécia, Suíça e *Turquia* –, estaria gerando uma convergência de políticas em torno de padrões baixos e de critérios mínimos, típicos de países em desenvolvimento, ameaçando normas sociais e valores culturais consagrados nas economias mais desenvolvidas.

Recentemente houve diversas manifestações de força das posições políticas contrárias às novas iniciativas de liberalização.

O bloqueio à aprovação da **fast track** ao executivo americano e o fracasso das negociações do *Acordo Multilateral de Investimentos*

(*AMI*) na Organização de Cooperação e Desenvolvimento Econômico (OCDE) podem ser assim avaliados: a deflagração de uma nova rodada seria oportuna para o Brasil, estrategicamente interessado no fortalecimento do multilateralismo e na negociação de regras que disciplinem o uso de mecanismos unilaterais discriminatórios pelos países mais poderosos do Comércio Internacional.

3.16 RODADA DE DOHA

Realizou-se em *Doha*, Qatar, no período de 9 a 14 de novembro de 2001, a IV Conferência Ministerial da OMC, em que os ministros responsáveis pelo comércio, depois de *seis* dias de intensas negociações, acordaram o lançamento de uma nova rodada de negociações multilaterais.

A nova rodada *deveria durar três anos* e estava prevista para concluir-se em 2005, mas mesmo com a supervisão do *Comitê de Negociações Comerciais* subordinado ao *Conselho Geral da OMC* e mesmo seguindo o princípio do *compromisso único (single undertaking)*, que deveria levar em conta o princípio de *tratamento especial* e *diferenciado* para *países em desenvolvimento* e *países menos desenvolvidos* incorporados ao GATT, a Rodada tem enfrentado enormes obstáculos e divergências, levantados principalmente pelos países mais desenvolvidos em relação aos países em desenvolvimento (*emergentes*), no que tange sobretudo, à produção de *produtos primários*, em virtude da *disponibilização* de recursos tanto da própria capacidade das economias, tornando-se, portanto, já competitivas devido ao baixo custo produtivo e elevando essa competitividade devido ao acréscimo de capitais estrangeiros investidos em sua economia, aumentando assim a disponibilidade de mercadorias no Comércio Internacional a preços extremamente competitivos, *reconfigurando* o cenário internacional quanto às **Vantagens Comparativas**.

3.17 PRINCIPAIS DOCUMENTOS ELABORADOS E APRESENTADOS NO INÍCIO DA RODADA

- Declaração Ministerial, lançando uma nova rodada multilateral e estabelecendo um programa de trabalho.

- Declaração de TRIPS e acesso a medicamentos e saúde pública.

- Declaração sobre Questões de Implementação (*objeto de exigência dos países em desenvolvimento*), oriundos de questionamentos como: *capacity building* e cláusulas de tratamento especial e diferenciado, previsto nos acordos da *Rodada do Uruguai* e não respeitados pelos países desenvolvidos. Essa declaração aborda pontos nos *Acordos de Agricultura*, de *Medidas Sanitárias* e *Fitossanitárias*, de *Têxteis* e *Vestuário, Barreiras Técnicas ao Comércio, Medidas relacionadas aos Investimentos, Medidas* Antidumping, *Valoração Aduaneira, Subsídios* e *Propriedade Intelectual.*

3.18 MANDATOS DE DOHA

O *Mandato de Doha* para acesso a mercado em Bens Não Agrícolas estabelece que as negociações de acesso a mercados concentrar-se-ão nos seguintes tratamentos:

- *Picos tarifários, escalada tarifária e barreiras não tarifárias*, em que o mandato determina que a cobertura das negociações será ampla e sem exclusões, e que as necessidades e os interesses especiais de países em desenvolvimento e dos menos desenvolvidos serão levados em consideração.

- *Mandato de Agricultura* determina a conciliação entre os diversos interesses antagônicos. E todos esses pontos, são de interesse do Brasil (*como o subsídio agrícola, apoio interno, redução de tarifas e créditos a exportação*).

- *Mandato de Serviços*, em concordância como o Acordo Geral sobre Comércio de Serviços (GATS), em que as negociações devem ser conduzidas com base na *liberalização progressiva*, com especial ênfase nos setores de interesse dos países em desenvolvimento, aos quais deve ser conferida a *flexibilidade para liberalizar menos setores e tipos de transações.*

- *Mandato para Comércio e Investimento*, que adiou para a Conferência Ministerial da OMC o início das negociações sobre esse tema, limitando a análise aos temas de *transparência, não discriminação*, modalidades de *compromissos de preestabelecimento* GATS, *like*, disposições sobre *desenvolvimento, exceções e salvaguardas* de balança de pagamentos, *mecanismos de consultas* e *solução de controvérsias* entre os *Membros*.

- *Mandato para Política da Concorrência, que* também se antecipou às negociações para a V Conferência Ministerial da OMC, limitando-se o *Grupo de Trabalho* sobre a interação entre Comércio e Política de Concorrência, *discutindo*:

- A clarificação dos princípios gerais de concorrência, incluindo os de *transparência* e *não discriminação*, devido ao processo e à formação de cartéis;

- As modalidades de operações voluntárias;

- Apoio ao maior e progressivo *enforcement* de instituições de concorrência para os países em desenvolvimento.

- *Mandato para Compras Governamentais*, que estabelece negociações sobre a Transparência em Compras Governamentais, não trazendo obrigações de acesso para as partes.

- *Declaração*, que referenda o *Programa de Trabalhos sobre o Comércio Eletrônico* da OMC, desenvolvido nos últimos *quatro* anos, e pede que seja discutido o melhor arranjo institucional para dar prosseguimento às discussões do tema na OMC. Além disso, a *Declaração mantém* a moratória de tarifas sobre transmissões eletrônicas até a realização efetiva da próxima Conferência Ministerial.

- *Mandato para Facilitação de Comércio*, no qual se acordou que se houver *consenso explícito*, após a V Conferência Ministerial haverá negociações para aumentar a *transparência* e a *eficiência* no movimento de bens nas fronteiras dos países. O *Conselho de Bens* deverá concentrar seus trabalhos na identificação das necessidades e prioridades dos membros em facilitação de comércio, levando-se em consideração os artigos relevantes do GATT (*arts.* V, VIII e X).

- *Mandato para o Acordo de Solução de Controvérsias*, levando-se em consideração os interesses e as necessidades especiais dos países em desenvolvimento.

- *Mandato para as Regras de Negociações*, em que os ministros acordaram em conduzir as negociações, com o objetivo de esclarecer e melhorar as disciplinas dos Acordos *antidumping* sobre *subsídios* e *medidas compensatórias*, preservando os conceitos básicos desses Acordos e levando em consideração os interesses dos países em desenvolvimento.

Apesar da Declaração Ministerial na última Conferência haver estabelecido o prazo limite de *janeiro de 2005* para o término das negociações dos tópicos já citados, as *controvérsias* e as *características econômicas* atuais dos *membros* (fruto desse novo cenário globalizado já apresentado) continuam dificultando o cumprimento do prazo estabelecido pela OMC, sendo ele, constantemente adiado, sem possibilidade de conclusão dessas tratativas e pré-negociações, caracterizadas, principalmente, pelo novo e instigante posicionamento dos países de economias denominadas de emergentes, e a relutância das economias desenvolvidas em aceitar esse novo cenário mundial comercial que se estampa no Comércio Internacional.

3.19 CONFERÊNCIA DAS NAÇÕES UNIDAS SOBRE COMÉRCIO E DESENVOLVIMENTO (*UNCTAD*)

A *United Nations Conference on Trade Development* (UNCTAD) foi estabelecida em 1964, em Genebra, Suíça, atendendo às reclamações dos países subdesenvolvidos, que entendiam que as negociações realizadas no GATT não abordavam os produtos por eles exportados (*produtos primários*).

A UNCTAD é um órgão da Assembleia Geral da Organização das Nações Unidas (ONU), mas suas decisões não são obrigatórias. Ela tem sido utilizada pelos países subdesenvolvidos como um *grupo de pressão*.

O objetivo principal da UNCTAD é incrementar o Comércio Internacional para acelerar o desenvolvimento econômico, coordenando as políticas relacionadas com países subdesenvolvidos. Para tal finalidade, a UNCTAD dedica-se a negociar com os países desenvolvidos para que reduzam os obstáculos *tarifários* e *não tarifários* ao comércio de produtos originários de países subdesenvolvidos.

Historicamente, os países subdesenvolvidos dependem da exportação de produtos primários, pois eles não têm capacidade competitiva suficiente para exportar produtos industrializados. Desse modo, pela diferença de preços não conseguem saldo favorável no balanço de pagamentos, sendo esse o principal obstáculo para o crescimento econômico.

Como a cláusula da nação mais favorecida do GATT impedia que os países desenvolvidos concedessem incentivos aduaneiros aos subdesenvolvidos, pois teriam que estendê-los aos demais países, surgiu a ideia de estabelecer um sistema de *preferências tarifárias*, aplicável apenas aos países subdesenvolvidos, reduzindo os direitos aduaneiros sobre os produtos manufaturados por eles exportados.

3.20 ORGANIZAÇÃO PARA A COOPERAÇÃO E O DESENVOLVIMENTO ECONÔMICO (OCDE)

A *Organização para Cooperação e Desenvolvimento Econômico* (OCDE) é um órgão internacional e intergovernamental, que reúne os países industrializados para trocar informações e alinhar políticas com o objetivo de potencializar seu crescimento econômico, colaborar com seu desenvolvimento e contribuir para o incremento do Comércio Internacional.

Foi criada em 1960 para substituir a *Organização Europeia de Cooperação Econômica* (OECE), com sede em Paris, França, e é constituída por: *França, Bélgica, Dinamarca, Holanda, Suécia, Inglaterra,*

Turquia, Grécia, Áustria, Islândia, Irlanda, Luxemburgo, Itália, Noruega, Portugal, Alemanha e Espanha. Associaram-se também à Organização EUA, Canadá, Japão, Austrália e Nova Zelândia.

A OCDE não constitui foro de negociação político-diplomática, contudo sua atuação no aspecto normativo vem adquirindo importância crescente. Esse fato é particularmente significativo, pois os países membros da OCDE representam cerca de 65% do PIB mundial em seus mais diversos aspectos.

3.21 PARTICIPAÇÃO BRASILEIRA

A partir do início de 1990, foram observados movimentos relativamente simétricos de aproximação entre o Brasil e a Organização para a Cooperação e Desenvolvimento Econômico (**OCDE**). A implantação de políticas de abertura e liberalização econômicas por parte do Brasil e o interesse manifestado pela **OCDE** em aproximar-se de *países não membros* de significativa relevância para a economia mundial podem ser considerados fatores básicos desse processo de estreitamento de vínculos.

O Brasil tem sido, regular e crescentemente, solicitado a participar dos trabalhos substantivos da Organização, e tem merecido, em diversas ocasiões, menção da Organização para OCDE por suas iniciativas destinadas a garantir participação ativa e, sobretudo, de bom nível.

O Brasil pode atuar de forma seletiva nos Comitês que lhe interessam e que lhe servem de fonte de informações e plataforma para a divulgação de suas posições. O País não detém, contudo, poder de veto sobre as recomendações e decisões da **OCDE**, faculdade reservada aos seus *membros-plenos*.

As discussões nos *Comitês* e *Grupos de Trabalho* de que o Brasil participa têm revelado a convergência de políticas em diversas áreas, desde o combate à corrupção até padrões de conduta para empresas multinacionais, passando por políticas de concorrência e de fomento do investimento estrangeiro direto.

A Organização permite o intercâmbio de informações e a elaboração e refinamento de percepções entre peritos, técnicos e funcionários com poder decisório nas respectivas áreas de atuação.

Atualmente, O Brasil participa na **OCDE** nos seguintes trabalhos:

3.22 COMO MEMBRO-PLENO

- Grupo de Trabalho sobre as diretrizes para Empresas Multinacionais.

- Centro de Desenvolvimento.

- Comitê do Aço.

- Grupo de Trabalho sobre Corrupção.

- Força-Tarefa para Ação Financeira

3.23 COMO MEMBRO OBSERVADOR

- Comitê do Comércio.

- Comitê de Gestão Pública.

- Comitê de Investimento Internacional e Multinacionais.

- Comitê de Legislação e Política da Concorrência.

- Comitê de Agricultura.

- Grupo de Trabalho sobre Transportes Marítimos.

Participa, ainda, do Fórum sobre Economias de Mercados Emergentes, Seminários no âmbito do Diálogo da OCDE com Economias dinâmicas de Países não Membros.

Órgãos Subsidiários dos quais o Brasil participa:

- Comitê de Comércio.

- Comitê de Gestão Pública (PUMA).

- Comitê de investimentos de Empresas Multinacionais (CIME).

- Comitê de Concorrência.

- Comitê do Aço (*Parte II*).

- Comitê de Agricultura.

- Reunião de Alto Nível sobre Aço.

- Grupo Negociador Especial sobre Construção Naval.

- Programa de Avaliação Internacional de Estudantes (PISA).

3.24 ORGANIZAÇÃO MUNDIAL DE ADUANAS (OMA)

A *Organização Mundial de Aduanas* (OMA) foi criada em 1952, como *Conselho de Cooperação Alfandegária*. Em 1994, o *Conselho* adotou o título de *Organização Mundial de Aduanas* para refletir mais claramente sua transição para uma *instituição intergovernamental* verdadeiramente mundial.

A OMA é um órgão independente, cuja missão é tornar mais eficazes e eficientes as administrações aduaneiras ao redor do mundo. É a única organização intergovernamental mundial com competência em assuntos aduaneiros.

Atualmente, 168 países integram a OMA. Em 1986, a Organização adotou uma estrutura administrativa dividida em *seis* regiões para facilitar o desenvolvimento de políticas conjuntas para a área. As sub-regiões criadas são as seguintes: *Américas e Caribe, Europa, Norte da África e Oriente Médio, África Central e Oeste, Leste e Sul da África, Ásia, Ásia Austral e Ilhas do Pacífico.*

3.25 MISSÃO DA OMA

- Estabelece e mantém, apoia e promove instrumentos internacionais, para a harmonização e a aplicação uniforme de sistemas e procedimentos aduaneiros simples e eficientes, no tocante à movimentação de mercadorias, pessoas e veículos pelas Aduanas ao redor do mundo.

- Estimula a cooperação mútua de seus membros para propiciar o cumprimento das respectivas legislações.

- Assiste seus membros no esforço de enfrentar os desafios do ambiente moderno de negócios e na adaptação às novas circunstâncias, promovendo cooperação e comunicação entre seus membros e outras organizações internacionais.

- A estrutura da Organização dispõe de diversos comitês, que trabalham para atingir os objetivos da entidade, sendo os principais comitês:

- Comitê Técnico Permanente.

- Comitê de Procedimentos de Harmonização.

- Comitê de Valoração Aduaneira.

- Comitê de Regras de Origem.

4. BLOCOS COMERCIAIS

4.1 PROCESSO DE INTEGRAÇÃO ECONÔMICA

4.2 CENÁRIO GLOBAL

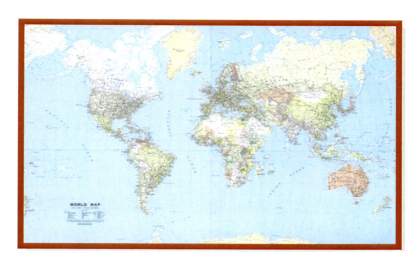

4.3 BLOCOS COMERCIAIS

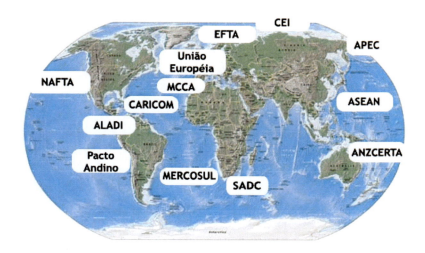

MÁRIO LOPES

APEC Asia-Pacific Economic Cooperation

| Australia | Brunei | Canada | Indonesia | Japan | South Korea | Malaysia |

New Zealand | Phillipines | Singapore | Thailand | United States | Taiwan | Hong Kong

China | Mexico | Papua New Guinea | Chile | Peru | Russia | Vietnam

MERCOSUL

Estados Membros:
Argentina, Brasil, Paraguai, Uruguai e Venezuela

Estados Associados:
Bolívia, Chile, Colômbia, Equador, Peru

Estado Observador:
México

DESENVOLVIMENTO HOLÍSTICO DO COMÉRCIO INTERNACIONAL

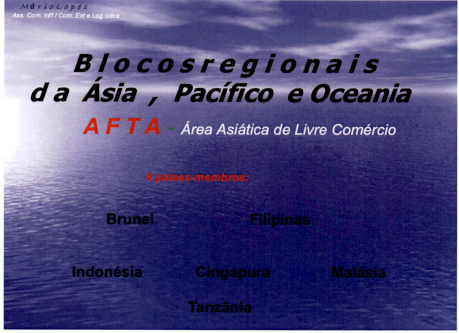

DESENVOLVIMENTO HOLÍSTICO DO COMÉRCIO INTERNACIONAL

5. UNIÃO EUROPEIA, ALADI, MERCOSUL, NAFTA, PACTO ANDINO E ALCA

A partir da segunda metade do século XX, os acordos regionais marcaram profundamente as relações internacionais, tanto no campo econômico como no campo político, refletindo-se também no desenvolvimento do próprio Direito Internacional. Os Acordos regionais encontram apoio no art. XXIV do GATT, que dispõe sobre a criação e a formação das uniões aduaneiras e das zonas de livre comércio.

A teoria sobre as uniões aduaneiras e as zonas de livre comércio tem seus primeiros estímulos a partir de 1950, com os estudos do economista **Jacob Viner** centrado nas condições sobre as quais a alocação de recursos mundiais é melhorada pela criação de acordos regionais.

Segundo *Viner*, na mesma medida em que uma união aduaneira discrimina contra fornecedores mundiais de baixo custo e causa importações com perda, existe o *"desvio de comércio"*, em que os fluxos de comércio, que são interrompidos entre a união aduaneira e os países mundiais, são assumidos por produtores menos eficientes da área integrada, os quais não eram capazes de competir com os produtores mundiais em situação de *não discriminação*, como a que existia antes da formação da união aduaneira. Nesse caso, a discriminação praticada contra fornecedores mundiais causa *"desvio de comércio"*. Contrariamente, na medida em que a união aduaneira liberaliza o comércio dentro do grupo e causa uma redução da produção ineficiente dentro da área temos uma *"criação de comércio"*.

Para que a união aduaneira possa beneficiar os participantes, a *"criação do comércio"* deve superar o *"desvio de comércio"*, de modo que, no balanço, a formação da união desloque fontes de suprimentos para custos mais baixos mais do que para custos mais altos.

Outros autores introduziram a ideia de ganho e perda pela mudança nos padrões de consumo. Um país eficiente, altamente especializado, mas diversificado em seus padrões de consumo, pode sofrer pesadas perdas em desvio de comércio e ganhar pouco em *criação de comércio*, enquanto uma economia multissetorial, comparativamente de alto custo, pode ganhar muito em criação de comércio e perder pouco em desvio de comércio.

A distribuição de perdas e ganhos dentro dos países também é matéria relevante: *o desvio de comércio tende a aumentar os rendimentos dos produtores da área* dos produtos desviados, enquanto a criação de comércio aumenta os rendimentos somente dos mais eficientes, causando perdas para os menos eficientes.

Desse modo, se todos os ganhos e perdas considerados pudessem ser calculados para todos os setores, verificar-se-ia que mesmo numa união geralmente benéfica, alguns países realmente sofrem uma redução de bem-estar e, dentro desses países, algumas regiões podem ganhar e outras podem perder.

A integração econômica sofre consequências naturais derivadas de dois tipos de efeitos: os *estáticos*, que aparecem na alocação de recursos e nas próprias relações de troca, e os efeitos *dinâmicos*, identificados pelas estruturas de mercado e na alteração das taxas de crescimento.

Os fatores *estáticos* e *dinâmicos* funcionam simultaneamente como causa e/ou efeito do processo de diversificação das vendas externas. Já os fatores *estáticos* reforçam as condições naturais de *Vantagens Comparativas*. Ainda, os dinâmicos promovem mudanças significativas no padrão de comércio, das quais a mais importante e visível é justamente a diversificação das exportações.

O padrão de comércio entre os países resulta de uma confluência de fatores *estáticos* e *dinâmicos*, que dependem não apenas das configurações naturais dos setores produtivos ou da nação, mas também das condições estruturais da indústria, bem como de sua interação com o mercado. Enquanto os fatores *estáticos* são predeterminados e reproduzem de forma quase estacionária o padrão de *Vantagens Comparativas* revelado pela diferença entre as distintas tecnologias industriais e dotação de fatores existentes, os fatores *dinâmicos* são totalmente arbitrários e variam conforme as características da estrutura da indústria, tais como as economias *dinâmicas* de escalas, o impacto das extremidades econômicas positivas sobre a estrutura econômica e geográficas das indústrias, o ritmo e os efeitos das inovações tecnológicas.

Os principais efeitos *dinâmicos* de uma união aduaneira são:

- Aumento de investimentos (*visando usufruir das vantagens proporcionadas pelas novas oportunidades abertas pela união aduaneira devido à diminuição das incertezas em procurar parceiros em mercados estrangeiros e. também, por causa das tarifas para os não membros*).

- Aumento da concorrência, levando à eliminação de empresas marginais.

- Exploração de economias de larga escala devido ao aumento do tamanho do mercado.

- Possibilidade de mudanças e inovação tecnológicas mais rápidas devido à grande dimensão das unidades de produção possibilitadas pela união aduaneira.

Desde os primeiros estudos, a teoria das uniões aduaneiras foi largamente aplicada, para conclusão de acordos comerciais entre países interessados.

Inicialmente, o regionalismo econômico evoluiu na Europa Ocidental e na América Latina. Na Europa, a ideia de uma unidade política cresceu após a Segunda Guerra Mundial, em virtude de seus danosos efeitos – um grande número de mortes, a destruição do aparato industrial, a ruína financeira e a queda do nível de vida, que reduziram a região, de *próspera, economicamente eficiente, com poder militar e influência política*, a uma região limitada entre duas esferas de influências: Estados Unidos e União Soviética.

Na Europa, a integração setorial culminou com a assinatura do *Tratado de Mastrich*, em 1992, criando a UNIÃO EUROPEIA. Na América Latina, onde muitos países tinham política comercial restritiva, destinada a favorecer a industrialização, com o objetivo estratégico de reduzir e substituir as importações e, consequentemente, a *dependência tecnológica e respectivo equilíbrio do balanço de pagamentos e desenvolvimento econômico*, o tamanho reduzido dos mercados domésticos foi considerado um obstáculo ao desenvolvimento da indústria e um *fator limitador* dos ganhos em eficiência das economias de escala. Diante disso, a alternativa regional era vista sob a perspectiva de um mercado mais amplo, que possibilitaria o aumento da competitividade no mercado mundial.

O Projeto que criou a *Aliança Latino-Americana de Livre Comércio* (**ALALC**), por agrupar países de graus diversos de industrialização e desenvolvimento econômico, resultou num aprofundamento das desigualdades existentes entre os Estados signatários do Acordo, francamente em favor dos mais desenvolvidos (*Brasil, Argentina e México*).

A reação imediata dos países menos desenvolvidos foi a criação de um acordo de integração *sub-regional*, denominado **Pacto Andino**, que no seu tempo tornou-se um paradigma de todo o movimento de integração entre países em desenvolvimento.

Posteriormente, a ALALC foi substituída pela *Associação Latino-Americana de Integração* (**ALADI**), em 12 de agosto de 1980, pelo Tratado de Montevidéu, adotando um instrumento mais flexível e mais prático em matéria de metas e prazos, e que, além disso, permite aos *países-membros* fazerem parte de outros Acordos. Em seguida, surgiu o *Mercado Comum do Sul* (**MERCOSUL**), com a assinatura do tratado em Assunção, Paraguai.

Constatou-se, então, um *relançamento* do *regionalismo* que, além de envolver países em franco desenvolvimento econômico e com potencialidade promissora de peso no Comércio Internacional, acabou *contagiando* outras áreas no contexto do triunfo da economia de mercado e do abandono dos modelos de *dirigismo* (comando indireto) e de *corporativismo*, mesmo sendo regiões em desenvolvimento, especialmente na América Latina, com a **ALADI**, a revisão do **Pacto Andino**, o **Mercosul**, o **Grupo dos Três** (Brasil, Argentina e Venezuela); na Nova Zelândia e na Austrália, com o *Closer Economics Relations* (**CER**); e no extremo Oriente, com o estabelecimento da *Associação de Nações do Sudeste Asiático* (**ASEAN**) e a implantação do *Conselho Econômico do Pacífico* (**APEC**), todos implementados com o intuito de incrementar o comércio recíproco entre os países-membros.

Observa-se que já não se percebe com muita clareza a distinção entre *União Aduaneira* e *Zona de Livre Comércio*, sob o aspecto institucional ou dos setores disciplinados. O MERCOSUL, dotado de escassas estruturas institucionais, tem a proposta de, posteriormente, transformar-se em União Aduaneira, enquanto a Comunidade Econômica Europeia (**CEE**), exemplo de união aduaneira, é completada por políticas econômicas e comerciais internas comuns, previstas pelo Tratado de Roma.

O **NAFTA**, como *Zona de Livre Comércio*, por sua vez, é dotado de escassa estrutura institucional (conteúdo geral) e estende o seu campo de aplicação e dedicação material aos serviços, ao movimento de capitais e a algumas políticas econômicas e comerciais comuns.

As iniciativas de integração regional revelam que a maioria dos membros da *Organização Mundial do Comércio* (**OMC**) são, simultaneamente, países-membros de determinados acordos de integração regional e países parceiros em relação a outros. Disso decorre que, para sustentar a credibilidade das regras multilaterais, é preciso atender aos interesses coletivos em vez de enfatizar os interesses divergentes entre as partes de um determinado acordo regional e países terceiros.

Essa conclusão ganha maior ênfase nos dias atuais, à medida que os esquemas de cooperação extrapolam os seus limites no âmbito estritamente econômico, abrindo-se a mecanismos do tipo político, de maior envergadura e importância. Fala-se já de uma "*SuperEuropa*", a UNIÃO EUROPEIA alargada pela adesão de três candidatos potenciais (*Croácia, Turquia e Macedônia*), somados aos atuais 27 Estados-Membros; a associação de países socialistas da Europa Centro-Oriental; e a associação de outros países formados a partir da fragmentação da URSS – Bálticos, Belarus e Ucrânia.

No continente americano, a aprovação do NAFTA, em 1993, foi uma decisão histórica que refletiu as mudanças no pensamento estratégico do hemisfério após a assinatura do Acordo. É impossível falar de *integração regional* sem considerar a dimensão continental. Já em junho de 1994 houve o anúncio da iniciativa para as Américas, do presidente George W. Bush – hoje é a proposta de uma Área de *Livre Comércio* das Américas (**ALCA**), que confirmam as mudanças, que deram seus primeiros sinais efetivos com a criação da Área de Livre *Comércio* Canadá - EUA.

Conclui-se, então, que a economia mundial está comprovadamente orientada à formação de *megablocos comerciais*.

5.1 BLOCOS COMERCIAIS E REGIONAIS

5.2 BLOCOS COMERCIAIS

Com o crescimento pontual de algumas economias lastreadas em suas capacidades produtivas de Insumos Primários, principalmente em setores da Agricultura e da Pecuária, iniciou-se um consequente processo de "desequilíbrio econômico/comercial" no mercado internacional entre as economias de maior capacidade de produção "Agropecuária" e as economias de maior capacidade de produção de "Valor Agregado".

Com o objetivo de manterem-se em um mesmo patamar e em respectivo "equilíbrio e equalização financeira", os países de maior "afinidade" produtiva e cultural passaram a fomentar o intercâmbio do comércio entre si, a ponto de criarem "aglomerados econômicos" (países), com o intuito de "protegerem-se" de possíveis desequilíbrios econômico-financeiros, que poderiam causar maior desequilíbrio nas relações comerciais internacionais.

Diante desse novo cenário "sócio-econômico-político-financeiro-mercantil", a OMC imediatamente intercedeu e, mediante posicionamentos e regras comerciais equalizadas, iniciou-se a criação dos Blocos Comerciais compostos por países/economias com grande aderência e similaridade econômica x produtiva x cultural, incentivando o chamado "Comércio 'Intrabloco'", caracterizado, sobretudo, por uma diferenciada equalização (ou praticamente "zero tarifas") no comércio entre os integrantes do Bloco.

5.3 BLOCOS REGIONAIS

Dada a explícita discrepância econômico-financeira entre as principais economias (agentes) de produção de Valor Agregado x as principais economia de Produção de Insumos Primários, os países de menor capacidade econômico-financeira aderiram aos Blocos Comerciais, ainda mantendo a "nítida" discrepância entre os integrantes do Bloco Comercial recém-criado, passando a atuar comercialmente de forma "paralela" com os seus "similares dentro do mesmo Bloco Comercial, sem desrespeitar a Regras e caracterizando-se como Blocos Regionais, com o principal objetivo de manterem e/ou angariarem novos recursos oriundos de outras economias 'extrabloco'".

5.4 C A - COMUNIDADE ANDINA / G R U P O A N D I N O

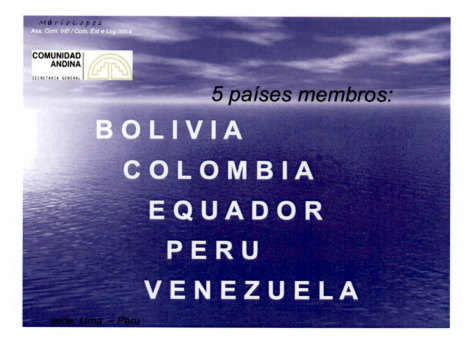

DESENVOLVIMENTO HOLÍSTICO DO COMÉRCIO INTERNACIONAL

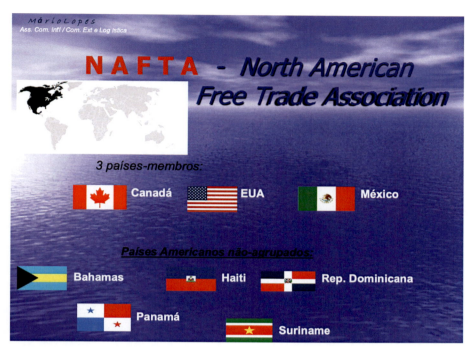

6. ESTÁGIOS DE INTEGRAÇÃO ECONÔMICA

6.1 ZONAS PREFERENCIAIS

São acordos estabelecidos por países geograficamente próximos, com o objetivo de promover o desenvolvimento dos países envolvidos e o aumento de suas produções *interna* e *externa*, mediante os mecanismos de incentivo ao comércio *intra-regional*. São negociados acordos setoriais e concessões *tarifárias* ou *não tarifárias* para todos os participantes, relacionando e identificando as mercadorias e as respectivas *margens* de preferência.

6.2 ÁREAS DE LIVRE COMÉRCIO

Definidas no *artigo* XXIV do GATT, consistem em grupos de *dois* ou mais países, entre os quais são eliminadas barreiras alfandegárias e outras restrições dos artigos produzidos pelos participantes da referida Área.

A *Zona de Livre Comércio* é um estágio de integração mais avançado que a *Zona de Preferência*, onde os *países-membros* eliminam ou reduzem substancialmente os direitos aduaneiros e restrições comerciais, no intercâmbio de produtos originários da região. O **North American Free Trade Agrement** (**NAFTA**) é um exemplo desse modelo de integração regional.

6.3 UNIÃO ADUANEIRA

Uma União Aduaneira, segundo o *artigo* XXIV do GATT, é a substituição de *dois* ou mais territórios aduaneiros por *hum* só, com a consequente eliminação de tarifas aduaneiras e restrições ao Comércio Internacional dos *países-membros* da União. Resulta da eliminação de todos os obstáculos a trocas internacionais. Os regulamentos aduaneiros dos participantes da União devem ser semelhantes em relação ao comércio exterior com países *não participantes* da União. Assim, os produtos adquiridos de países externos devem ter *livre circulação* na União.

Além dos aspectos compreendidos na *Zona de Livre Comércio*, uma *União Aduaneira* implica no estabelecimento de uma *Tarifa Externa Comum* (**TEC**) e uma política comercial em relação a produtos originários de terceiros países. Como exemplo desse modelo de *integração regional* pode-se citar o **Grupo Andino**, a partir do ano de 1995.

6.4 MERCADO COMUM

Consiste numa *União Aduaneira* na qual os participantes são obrigados a implementarem a *livre circulação* de pessoas, de bens, de mercadorias, de serviços e de fatores produtivos, eliminada toda e qualquer forma de discriminação. Nos dias atuais, as *Comunidades Europeias* ainda funcionam nesses moldes e preparam-se para avançarem ao próximo estágio de integração.

6.5 UNIÃO ECONÔMICA

A *União Econômica* ou *União Política e Econômica* corresponde a um Mercado Comum, aliado a um sistema monetário e a uma política externa e de defesas comuns. As *Comunidades Europeias* preparam-se para ingressarem nesse estágio de integração.

6.6 INTEGRAÇÃO TOTAL

A *Integração Total* ou *Confederação* é o estágio mais avançado de integração econômica, consistindo na *união econômica* e *política*, na unificação dos direitos *civil, comercial, administrativo, fiscal* etc. Esse estágio ainda não foi alcançado por nenhum grupo de países do mundo até o momento (*janeiro de 2007*).

6.7 UNIÃO EUROPEIA

As origens da união Europeia, implantada e iniciada na década passada, são provenientes dos movimentos de integração regional da década de 1950, após o final da Segunda Guerra Mundial, quando da necessidade da reconstrução dos países do continente europeu devastados pela Guerra.

O primeiro passo para a liberalização do Comércio Internacional no continente europeu foi a criação da união aduaneira entre a Bélgica, Holanda e Luxemburgo, em 1948. Em 1958, os *países-membros* do **BENELUX** uniram-se à França, Itália e Alemanha Ocidental, construindo a *Comunidade Europeia do Carvão e do Aço*, que eliminou as restrições alfandegárias dos produtos minerais para os países signatários, criando a tarifa comum para os países externos.

Em 1957, foi formalizado o **Tratado de Roma**, que formou a *Comunidade Econômica Europeia* (**CEE**) ou *Mercado Comum Europeu*, englobando os países da *Comunidade Europeia do Carvão e do Aço*. Em 1972, foram incluídos o *Reino Unido*, a *Irlanda* e a *Dinamarca*. Em 1981, a *Grécia*, e em 1986, *Portugal* e *Espanha*.

Em 01 de janeiro de 1993, passou haver a *livre circulação* de *mercadorias, serviços, pessoas* e *capitais* entre os *países-membros*. Em 01 de janeiro de 1995, *Áustria, Finlândia* e *Suécia* aderiram ao bloco.

As principais finalidades da Comunidade Europeia, de acordo com o estabelecido no Tratado de Roma, foram:

- Eliminação das tarifas aduaneiras e de outros tipos de restrições sobre importações e exportações aos países signatários.

- Criação de política comercial comum para os *países-membros*.

- Coordenação das políticas econômicas dos *países-membros*.

- Criação de política agrícola e transportes comuns para os *países-membros*.

- Criação de tarifas alfandegárias e de uma política comercial comuns aos outros países não signatários.

- Criação do Fundo Social Europeu e do Banco Europeu de Investimentos.

- Eliminação de restrições de *livre circulação* de *mercadorias, serviços, capitais* e *pessoas*.

- Aproximação das respectivas legislações até o pleno funcionamento do mercado comum.

- Acordos para assegurar concorrência leal dentro do mercado após a abolição das tarifas.

Em 07 de fevereiro de 1992, os países da Comunidade Econômica Europeia firmaram o **Tratado de Mastrich**, criando a COMUNIDADE EUROPEIA, que estabelece a *livre circulação* de *mercadorias, serviços, capitais* e *pessoas* entre os *países-membros*. Os principais objetivos da União Europeia delimitados no *Tratado* são:

- A promoção dos progressos econômico e social equilibrados e duradouros em todo o território comunitário, em particular com a criação de um espaço sem fronteiras internas e do reforço de coesões econômica e social.

- A real afirmação da identidade europeia no cenário internacional, mediante a prática de uma política externa comum e de cooperação ao desenvolvimento e às relações externas nos outros setores da União.

- Reforço da defesa dos direitos e dos interesses dos cidadãos de seus *estados-membros*, mediante a inovadora instituição de uma "*cidadania da União*" e a realização progressiva de uma política social comunitária.

- Efetivo desenvolvimento de uma cooperação mais estreita no setor de justiça dos assuntos internos, mediante a criação de órgão de coligação entre as políticas nacionais, que operará sobre o plano da prevenção da luta contra a criminalidade e a cooperação entre as respectivas autoridades judiciárias.

- Conversão do todas as conquistas comunitárias e de seu posterior desenvolvimento, para a manutenção da integralidade dos objetivos comunitários.

- A criação dos órgãos auxiliares, como: o *Banco Europeu para os Investimentos* BEI), o *Comitê Econômico e Social* (CES), O *Banco Central Europeu* (BCE), o *Instituto Monetário Europeu* (IME) e o *Sistema Europeu dos Bancos Centrais* (SEBC).

De acordo com o cronograma estabelecido para a formação da União Europeia, está em vigor, desde o ano de 1999, o padrão monetário único para os países do continente europeu, com a criação do

EURO, a moeda unificada – *European Currency Unity* (ECU) –, restando apenas alguns países aderirem completamente à nova moeda (Reino Unido, Suécia e Dinamarca).

6.8 INTEGRAÇÃO ECONÔMICA NAS AMÉRICAS

6.9 ALALC E ALADI

Criada pelo Tratado de Montevidéu (12 de agosto de 1980), entrando em vigor somente em 18 de março de 1981, a *Associação Latino-Americana de Integração* (**ALADI**) deu continuidade ao processo de integração econômica na América Latina, iniciado em 1960, substituindo a *Associação Latino-Americana de Livre Comércio* (**ALALC**), com o objetivo de implantar um mercado comum *latino-americano*.

A ALADI reúne 12 países (Argentina, Bolívia, Brasil, Chile, Colômbia, Cuba, Equador, México, Paraguai, Peru, Uruguai e Venezuela), em três categorias, de acordo com o seu desenvolvimento econômico relativo, para efeito de recebimento das *preferências tarifárias*, que são outorgadas na proporção inversa da respectiva categoria:

- PMDRs – menor desenvolvimento relativo – Bolívia, Equador e Paraguai.

- Desenvolvimento médio: Chile, Colômbia, Peru, Uruguai, Venezuela e Cuba.

- E os demais: Argentina, Brasil e México.

Para alcançar seu objetivo, a ALADI utiliza-se dos seguintes instrumentos:

- Acordos de Alcance Parcial (**AAP**).

- Acordos de Alcance Regional (**AAR**).

Nos Acordos de *alcance parcial* não há a participação da totalidade dos *países-membros* e sua principal finalidade é criar as condições necessárias para proporcionar a integração regional por meio de sua multilateralização. Tais acordos mantêm também as normas específicas em matéria de origem, cláusulas de salvaguarda, restrições *não tarifárias*, retirada e renegociação de concessões, denúncia, coordenação e harmonização de políticas.

Os Acordos de *alcance regional* são os que congregam a totalidade dos *países-membros*, sendo celebrados com vistas à promoção e à regulação do comércio *intrazona*, à complementação econômica, ao desenvolvimento econômico e à ampliação dos mercados, nos moldes dos afins dos acordos de alcance parcial.

Os países de menor desenvolvimento relativo recebem tratamento preferencial por meio de sistema de apoio com eliminação total, sem reciprocidade de agraves aduaneiros e outras restrições por parte dos demais *países-membros*.

6.10 ACORDO DE LIVRE COMÉRCIO NA AMÉRICA DO NORTE (NAFTA)

Com o objetivo de promover a integração regional dos países da América do Norte, em 01 de janeiro de 1989 entrou em vigor o Acordo Comercial entre os Estados Unidos e o Canadá, com a finalidade de criar uma *Zona de Livre Comércio*.

Em 12 de agosto de 1992, com a inclusão do México, esse Acordo recebeu o nome de ACORDO DE LIVRE COMÉRCIO DA AMÉRICA DO NORTE, o *North America Free Trade Agrement* (**NAFTA**), com vigor a partir de 01 de janeiro de 1994.

Os principais objetivos do NAFTA são a eliminação gradual de tarifas e demais restrições aduaneiras, dentro de um prazo previsto inicialmente de *quinze* anos, com algumas exceções previstas em cláusulas de salvaguardas, que assegurarão aos *países-membros* que suas indústrias locais não serão prejudicadas pelos produtos importados. É um modelo impressionante por seus volumes. Congrega 6,5 trilhões de dólares americanos de PNB e reúne aproximadamente 360 milhões de pessoas nesse composto de integração.

Tem características absolutamente próprias, sendo a mais notável delas a integração de três países, em que há uma profunda assimetria, sobretudo entre dois deles e o terceiro, ou seja, o México, que nesse processo de integração atua de uma forma distinta. É uma tentativa de criar-se um mercado comum ou, pelo menos, uma *Zona* de Livre Comércio, apesar do grau de desenvolvimento díspar dos outros dois países.

Comparando-se os países integrantes, temos que o Produto Interno Bruto (PIB) per capta dos Estados Unidos está numa ordem superior a US$ 29,500.00, enquanto a média do Mercosul é de US$ 3,340.00 (informações disponibilizadas no Google em 02 de fevereiro de 2007) e do México é de US$ 2,750.00. A média do NAFTA, somando-se Estados Unidos, México e Canadá, posiciona-se na casa de US$ 17,100.

No caso do NAFTA, o problema da transferência da circulação de mão de obra mexicana para os Estados Unidos é assustador, o que provoca um desequilíbrio muito sério no mercado de trabalho de ambos os países. Essa preocupação da transferência livre de mão de obra existe há um longo tempo, o que provoca um tratamento restrito para profissionais especializados, mas não para a mão de obra não especializada, sendo que o NAFTA mantém a preocupação no sentido de evitar essa liberalização.

Nesse quadro bastante diversificado, o que o NAFTA pretende criar é apenas uma Zona de Livre Comércio, buscando reduzir, num prazo previsto de quinze anos, de forma gradual, as barreiras de comércio de bens e serviços regionais nos três países, removendo quaisquer restrições ao investimento inter-regional e definindo regras muito claras de propriedade industrial e meio ambiente.

O NAFTA também tem outras preocupações, regras específicas no processo de Livre Comércio, produtos agrícolas, automóveis, têxteis e energia elétrica, principalmente, energia termonuclear. E para esses produtos há regras que restringem, no processo de integração, a livre circulação (importante ressaltar que essas restrições acabaram sendo um dos principais centros das divergências, dificultando a disseminação e a implantação da ALCA no continente, tendo em vista o posicionamento estrategicamente comercial e auspicioso dos países denominados emergentes).

Há cláusulas de salvaguarda de tal forma que, se nesse período de quinze anos, um produto começar a ser importado de tal maneira e em determinada quantidade por um dos três países de outro membro do NAFTA, e essa importação resultar numa ameaça de dano à indústria doméstica, então admite-se a salvaguarda, ou seja, a suspensão temporária em torno de três anos da liberalização das tarifas sobre esse determinado produto, à espera de que os produtores locais reajam a isso e possam preparar-se para essa concorrência.

Há regras sobre telecomunicações, sobre propriedade intelectual e proteção ao meio ambiente, serviços, transferências financeiras, seguros, serviços bancários de solução de controvérsias, tendo sido criada uma comissão de comércio, formada por ministros de Estado e funcionários ministeriais, para resolver as pendências entre os componentes do

NAFTA. Se essa comissão não conseguir resolver a pendência, não se pretende criar nenhum tribunal, nenhuma Corte supranacional, mas resolvê-la por meio de um painel arbitral, constituído a partir de uma lista prévia já indicada pelos países. Também não há uma pretensão do NAFTA quanto a nenhuma instituição comunitária, como uma Corte Supranacional de Justiça.

Os *países-membros* concederão aos outros o tratamento de nação mais favorecida, com tratamento tarifário recíproco, nos bens originários de cada um. As restrições ao livre trânsito de mão de obra, principalmente a oriunda do México, ainda permanecem, o que dificulta a transformação do NAFTA num Mercado Comum, modelo de integração regional mais avançado (apesar de sua capacidade monetária como um bloco). Desse modo, o NAFTA deve permanecer apenas como uma Zona de Livre Comércio por muito tempo.

6.11 PACTO ANDINO – COMUNIDADE ANDINA DAS NAÇÕES (CAN)

A *Comunidade Andina das Nações* (**CAN**) ou *El Sistema Andino de Integración* (**SAI**), com sede em Lima, Peru, foi criada em 07 de março de 1996, pela Ata de Trujillo, que modificou o Acordo de Cartagena, e é formada pelos seguintes países: Bolívia, Colômbia, Equador, Peru e Venezuela (sendo esta última agora integrante do Mercosul, aguardando um novo posicionamento perante à CAN), e seus objetivos são:

- O estreitamento das relações entre os *países-membros*.

- O aprofundamento da integração sub-regional entre os membros.

- O fortalecimento das relações externas com os demais blocos econômicos.

O Brasil firmou importante acordo com a CAN, o Acordo da Complementação Econômica n.º 39, que entrou em vigor em 16 de agosto de 1999. O ACE 39 outorga às Partes preferenciais fixas, ou seja, não há um programa de emendas substitutivas como em alguns Acordos e deverá ser substituído assim que o Mercosul e a Comunidade Andina firmarem um Acordo para a conformação de uma área de *livre comércio*.

6.12 ÁREA DE LIVRE COMÉRCIO DAS AMÉRICAS (ALCA)

Em 1980, o presidente dos Estados Unidos George Bush, lançou a *Iniciativa para as Américas*, que visava ao aprofundamento das relações daquele país para com a América Latina, que, assim, voltava a figurar entre as prioridades de política dos Estados Unidos. Na época constavam como pontos importantes da iniciativa a questão dos investimentos, da dívida externa e do comércio. Naquela ocasião nasceu a ideia de constituir uma área de *livre comércio* do Alasca ao extremo sul da América do Sul (região denominada como Terra do Fogo na Argentina).

Esse projeto foi retomado pelo seu sucessor Bill Clinton, que chamou os países do hemisfério para uma reunião de chefes de Estados e de Governo em Miami. Assim, em 10 de dezembro de 1994, ocorreu em Miami a *Reunião de Cúpula das Américas*, reunindo chefes de estados de 34 países do continente, exceto Cuba, que decidiram dar início à constituição da Área de Livre Comércio das Américas (ALCA).

No dia 30 de junho de 1995, em cumprimento ao calendário estabelecido pela Cúpula de Miami, realizou-se a Primeira Reunião dos Ministros de Comércio do Hemisfério (*Reunião Ministerial de Denver*). O documento oficial desse primeiro encontro já menciona que a ALCA terá como base os acordos sub-regionais e bilaterais existentes e que o acordo será um empreendimento único (*single undertaking*) e compatível com os dispositivos do Acordo da OMC.

Para preparar o terreno das negociações, decidiu-se criar sete Grupos de Trabalho, cobrindo as áreas de:

- Acesso a mercados.

- Procedimentos aduaneiros.

- Regras de origem.

- Investimentos.

- Normas e barreiras técnicas ao comércio.

- Medidas sanitárias e fitossanitárias.

- Subsídios.

- Antidumping e direitos compensatórios.

- Economias menores.

Na II Reunião dos Ministros de Comércio da região (*Reunião Ministerial de Cartagena*) reafirmou-se o compromisso com o avanço das negociações até o final do século e foram criados *quatro* novos Grupo de Trabalho, cobrindo as áreas de:

- Compras Governamentais.

- Direitos de Propriedade Intelectual.

- Serviços.

- Política de Concorrência.

Foi solicitado à *Organização dos Estados Americanos* (OEA) que procedesse a compilação de informações a respeito dos mecanismos de solução de controvérsias utilizados nos acordos bilaterais e sub-regionais de comércio no hemisfério. No documento, é reconhecida a importância da participação do setor privado no processo da ALCA.

Em maio de 1997, o Brasil foi sede de uma Reunião Ministerial (*Reunião Ministerial de Belo Horizonte*). Nessa reunião foram examinados os resultados do programa de trabalho acordado nas Reuniões anteriores e o progresso substancial da liberalização do comércio no hemisfério desde a Cúpula de Miami.

Acordou-se que as negociações da ALCA começariam a partir da Reunião de Santiago, que se realizaria em março de 1998, e que na *Reunião de São José da Costa Rica* seriam estabelecidos os objetivos, os enfoques, as estruturas e a localização das negociações. Foram reafirmados os princípios negociadores como empreendimento único, a decisão por consenso, a coexistência com outros acordos regionais, a compatibilidade com os dispositivos da OMC e a possibilidade de os países negociarem *isoladamente* ou como *bloco* de que façam parte.

Na *Reunião de São José*, estabeleceu-se o Comitê de Negociações Comerciais, os *nove* grupos de negociação, os Comitês Consultivos e o sistema de rodízio de presidência da ALCA.

Na II *Cúpula das Américas*, realizada em Santiago do Chile em abril de 1998, a Cúpula Ministerial ressaltou que as negociações deveriam estar concluídas até 2005 e que medidas de facilitação de negócios deveriam ser acordadas.

Dessa forma, chegou-se à *Reunião Ministerial de Toronto*, em 1 e 2 novembro de 1999, que marcou o início de uma nova fase de negociação, na qual se tentaria buscar o acordo sobre as controvérsias, principalmente nos grupos de acesso a mercados, em função da definição de métodos, modalidades e cronograma de desagravação e agricultura, pela questão dos subsídios agrícolas, picos e escalada tarifária, por meio de uma redação de esboços de Acordo para os diversos temas da ALCA, que seriam remetidos para análise dos ministros até o final de 2001.

A posição do governo brasileiro quanto a uma futura Área de Livre Comércio *das Américas* (ALCA) tem sido na direção de que se alcance nas negociações um equilíbrio de ganhos e concessões entre os 34 países.

6.13 MERCADO COMUM DO SUL (MERCOSUL)

As experiências de integração regional latino-americanas iniciaram-se nas décadas de 1960-1970, proporcionando o crescimento econômico da região. Em 1980, através do Tratado de Montevidéu (TM-80), foi criada a *Associação Latino-Americana de Integração* (ALADI).

Em julho de 1986, os presidentes Sarney e Alfonsín, reunidos em Buenos Aires, assinaram a Ata para a *Integração Argentino-Brasileira*, que instituiu o Programa de Integração e Cooperação Econômica (PICE). O objetivo do PICE era o de propiciar um espaço econômico comum, com a abertura seletiva dos respectivos mercados e o estímulo à complementação de setores específicos da economia dos dois países, com base nos princípios de gradualidade, flexibilidade e equilíbrio, de modo a permitir a adaptação progressiva dos setores empresariais de cada Estado às novas condições de competitividade.

Em 1998, visando consolidar o processo de integração, Brasil e Argentina assinaram o *Tratado de Integração, Cooperação e Desenvolvimento*, pelo qual se demonstrou o desejo de constituir um espaço econômico comum, num prazo máximo de *dez* anos, por meio da liberalização comercial. O Tratado previa, entre outras medidas, a eliminação de todos os obstáculos *tarifários* e *não tarifários* ao comércio de bens e serviços e a harmonização de políticas macroeconômicas. O *Tratado* foi sancionado pelos Congressos brasileiro e argentino em agosto de 1989.

Durante esse período foram assinados 24 protocolos sobre temas diversos, como: bens de capital, trigo, produtos alimentícios industrializados, indústria automotriz, cooperação nuclear etc. Todos esses acordos foram absorvidos em um único instrumento, denominado *Acordo de Complementação Econômica n.º 14*, assinado em 14 de junho de 1990, no âmbito da Aladi, que constituiu o referencial adotado posteriormente no *Tratado de Assunção*.

Em 06 de julho de 1990, com as mudanças introduzidas nos programas dos governos brasileiro e argentino e a adoção de novos critérios de modernização e de competitividade, os presidentes Collor e Menem firmaram a *Ata de Buenos Aires*. Em agosto do mesmo ano, Paraguai e Uruguai juntaram-se ao processo em curso, o que resultou na assinatura, em 26 de março de 1991, do *Tratado de Assunção* para a *Constituição do Mercado Comum do Sul* (MERCOSUL).

6.14 TRATADO DE ASSUNÇÃO

Estabeleceu mecanismos destinados à formação de uma *Zona de Livre Comércio* e de uma *União Aduaneira*, tendo como objetivos criar meios para ampliar as atuais dimensões dos mercados nacionais, condição fundamental para acelerar o processo de desenvolvimento econômico com justiça social. Para implementar esse Programa, o Tratado estabeleceu:

- Um programa de liberalização comercial, consistindo em reduções tarifárias, progressivas, lineares e automáticas, acompanhadas da eliminação de restrições não tarifárias (quotas, restrições fitossanitárias) ou medidas de efeito equivalente, assim como de outras restrições ao comércio entre os países.

- Coordenação de políticas macroeconômicas, que se realizaria gradualmente e de forma convergente com os programas de desagravação tarifária e eliminação de restrições não tarifárias. Tal exercício visaria assegurar condições adequadas de concorrência entre os *Estados--Partes* e evitar que eventuais descompassos nas políticas desses quatro *Estados* viessem a favorecer ou prejudicar artificialmente a competitividade de bens e serviços.

- Uma tarifa externa comum, que incentivaria a competitividade externa dos Estados e promoveria economias de escalas deficientes.

- Constituição de Regime Geral de Ordem, um Sistema de Solução de Controvérsias e Cláusulas de Salvaguardas.

- Estabelecimento de uma lista de exceções ao programa de liberação comercial para os produtos "sensíveis", que seriam reduzidas anualmente em 20%, com tratamento diferenciado para o Paraguai e o Uruguai.

- Inserção mais competitiva das economias dos *países-membros*, num cenário internacional em que se consolidam grandes espaços econômicos e onde o progresso técnico torna-se cada vez mais essencial para o êxito dos planos de desenvolvimento.

- Favorecimento das economias de escala, reforçando as possibilidades de cada um dos *países-membros* com o crescimento da produtividade.

- Estímulo aos fluxos de comércio com o resto do mundo, tornando mais atraentes os investimentos na região. Nesse sentido, não se trata de reproduzir num plano regional uma política de substituição de importações.

- Promoção dos esforços de abertura nas economias dos *países-membros*, que deverão conduzir à integração gradual da América Latina.

- Fortalecimento das ações dos setores privados e da sociedade como um todo, que deverão ser os principais motores do processo de integração.

6.15 PROGRAMA DE LIBERAÇÃO COMERCIAL

- Reduções tarifárias progressivas lineares e automáticas.

- Eliminação de restrições não tarifárias.

- Eliminação de medidas ou outras restrições ao comércio entre os *Estados-Partes*.

- *Tarifa zero* até 31 de dezembro de 1994 e sem barreiras não tarifárias ao mercado comum.

- Estabelecimento de uma desagravação para os produtos sem preferências negociadas entre os *Estados-Partes*.

- Aprofundamento das preferências negociadas nos Acordos de Alcance Parcial, celebrados no âmbito da Associação Latino-americana de integração.

6.16 LISTAS DE EXCEÇÕES

Os *Estados-Partes* concordaram em estabelecer listas de exceções em função da economia de cada *Estado-Parte*, para a exclusão temporária de produtos sensíveis do cronograma de desagravação.

Com essa redução, os produtos até então excluídos, entravam no cronograma de desagravação com a aplicação da margem de preferência vigente nesse momento, para que, em dezembro de 1994, quanto à Argentina e ao Brasil, e em dezembro de 1995, para o Paraguai e o Uruguai, todo o universo tarifário estivesse com o processo de desagravação de 100% concretizado.

A partir de janeiro de 1995 foi estabelecida a União Aduaneira, que se implicou na adoção da *Nomenclatura Comum do Mercosul* (**NCM**), com os direitos de importação incidentes sobre cada um desses itens, aplicando-se somente às importações provenientes dos países *não membros*.

Cada *Estado-Parte* elaborou uma Lista de Exceções à **TEC**, composta de produtos do setor de bens de capital, informática e telecomunicações, e outras exceções nacionais (produtos cuja incorporação imediata à TEC causaria problemas a determinado membro do bloco). Cada país poderia incluir no máximo, em sua lista, até 300 itens, com exceção do Paraguai, que poderia incluir até 399 produtos.

Todos esses itens tarifários deveriam convergir aos níveis da TEC em 2001, exceto os bens de informática e telecomunicações, bem como as demais exceções do Paraguai, que só convergiriam em 2006.

As Listas Nacionais de Exceções à TEC foram definidas por cada país segundo os seguintes critérios:

- *Lista Básica*: com convergência programada para 01 de janeiro de 2001, composta por até 300 itens para Argentina, Brasil e Uruguai, e de até 399 itens para o Paraguai.

- *Lista de Bens de Capital*: com convergência programada para 01 de janeiro de 2001, no caso da Argentina, Brasil, Paraguai e Uruguai, e que poderiam convergir até 01 de janeiro de 2006, não havendo limites para o número de itens, sendo que somente poderiam ser incluídos os itens tarifários listados no universo de bens de capital definido pelo MERCOSUL.

- *Lista de Bens de Informática e de Telecomunicações*: teve sua convergência programada para 01 de janeiro de 2006 para os quatro países. Também nesse caso, não houve limites para o número de itens, entretanto somente puderam ser incluídos os itens tarifários listados no universo de informática e de telecomunicações definido pelo MERCOSUL.

6.17 REGIME DE ADEQUAÇÃO FINAL

Foi estabelecido um programa que proporcionasse um período adicional de exclusão da liberação comercial com desagravação de 100% na totalidade de determinados produtos considerados sensíveis em função do grau de importância desses produtos para os *Estados-Partes*, recebendo o nome de *Regime de Adequação Final*, sendo limitado a um reduzido número de produtos.

6.18 LISTAS BÁSICAS DE CONVERGÊNCIA

Tendo em vista que o Brasil tinha e tem melhor estrutura industrial, ocorreram diversas divergências em relação à determinação da *Tarifa Externa Comum* (TEC), principalmente nos setores de bens de capital, de informática e de telecomunicações, em que as reduções das alíquotas foram proporcionais, de acordo com a capacidade produtiva e de consumo das economias dos *Estados-Partes*, sendo criada, então, as *Listas Básicas de Convergência*, indicando quais os itens tarifários e respectivos setores que estavam sujeitos ao mecanismo de convergência.

6.19 LISTAS DE EXCEÇÕES

Nas Listas de Exceções foram determinados quais produtos seriam excetuados da TEC de acordo com o interesse de cada *Estado-Parte*, cada qual com sua lista própria, bem como a adoção do respectivo esquema de convergência, que poderia ser aplicado até 2001. Importante ressaltar que os produtos excetuados por um *Estado-Parte* ficariam sujeitos à alíquota do imposto de importação fixada nessa tarifa após o período de convergência.

Durante o período de transição para a *Zona de Livre Comércio*, a grande preocupação foi a de remover os obstáculos *tarifários* e *não tarifários* à livre circulação de bens, capitais e pessoas, bem como os elementos incompatíveis com o processo de integração, constituídos na fase de industrialização substitutiva. Por ser um instrumento de política comercial houve a necessidade de protocolizar junto à ALADI, o que se deu pelo VIII Protocolo Adicional ao Acordo de Complementação Econômica n.º 18, celebrado entre Argentina, Brasil, Paraguai e Uruguai.

Em cumprimento ao estabelecido em reuniões anteriores e visando à atualização das necessidades e dos objetivos, os *Estados-Partes* reuniram-se em dezembro de 1994, na cidade de Outro Preto/MG, para determinar a estrutura institucional do Mercosul que, de acordo com o artigo 1º do Protocolo, foi composta pelos seguintes órgãos:

- Conselho de Mercado Comum (CMC).

- Grupo Mercado Comum (GMC).

- Comissão de Comércio do Mercosul (CCM).

- Comissão Parlamentar Conjunta (CPC).

- Foro Consultivo Econômico Social (FCES).

- Secretaria Administrativa do Mercosul (SAM).

6.20 REGIME DE ORIGEM DO MERCOSUL

Geralmente, os países realizam acordos concedendo benefícios recíprocos em suas trocas comerciais, estabelecendo usualmente a concessão de margens de preferência tarifária. Elas são aplicadas sobre a alíquota formal do imposto de importação fixada nas respectivas tarifas.

No âmbito do Mercosul foi estabelecido o **Certificado de Origem**. Tal certificado tem a finalidade de comprovar a origem da mercadoria constante de acordos comerciais estabelecidos entre os *Estados-Partes*. Assim, é *indispensável* a apresentação do Certificado de Origem em importação de mercadoria, objeto de acordo comercial, para gozo do benefício acordado.

Os *Estados-Partes* concordaram em estabelecer o *Regime de Origem* do Mercosul, incorporado ao ordenamento jurídico brasileiro pelo Decreto n.º 1.568, de 21 de julho de 1995, cujo disciplinamento complementar encontra-se na Portaria Interministerial MICT/MF/MRE N.º 11 / 97.

6.21 SISTEMA DE SOLUÇÃO DE CONTROVÉRSIAS

As controvérsias que surgirem entre os Estados-Partes sobre a interpretação, a aplicação ou o não cumprimento das disposições contidas no Tratado de Assunção, nos acordos celebrados no âmbito desse Tratado, bem como das decisões do CMC, serão submetidos aos procedimentos de solução estabelecidos no Protocolo de Brasília, de 17 de dezembro de 1991.

6.22 SISTEMA GERAL DE PREFRÊNCIAS (SGP) E SISTEMA GLOBAL DE PREFERÊNCIAS COMERCIAIS (SGPC)

O Sistema Geral de Preferências (SGP), estabelecido em 1970 pela UNCTAD, é um acordo pelo qual os países desenvolvidos signatários reduzem os impostos de importação incidentes sobre determinados produtos originários de países subdesenvolvidos, sem pressupor concessões recíprocas dos países beneficiados.

Cada país desenvolvido determina quais os produtos têm direito ao tratamento preferencial, elaborando listas com as concessões, permitindo-se a adoção de cláusulas de salvaguardas constantes em imposição de cotas e suspensão dos benefícios sempre que o volume de importações ameace causar danos às indústrias locais. Assim, não são todos os produtos que gozam da isenção de impostos, concentrando-se as vantagens em produtos primários, manufaturados e semimanufaturados.

Para obter o benefício é necessário cumprir com as seguintes exigências dos países outorgantes:

- Que o produto conste das listas de mercadorias com direito ao SGP;

- Que as listas sejam divulgadas e atualizadas periodicamente pelos outorgantes;

- Que o produto seja originário do país beneficiário exportador;

- Que o produto seja transportado diretamente do país beneficiário exportador para o país outorgante importador;

- Que seja apresentado à Alfândega de desembarque do produto o Certificado de Origem.

6.23 PAÍSES OUTORGANTES DO SGP - 15 DA UNIÃO EUROPÉIA E 14 MEMBROS DA OMC

    Áustria
    Bélgica
    Dinamarca
    Espanha

Finlândia
França
Grécia
Itália
Luxemburgo
Países Baixos
Portugal
Reino Unido
Irlanda
Suécia
Alemanha

E outros 14 países-membros da OMC:

(Austrália)
Bielorrússia
Bulgária
Canadá
Eslováquia
Estados Unidos
Federação Russa
Hungria
Japão
Noruega
Nova Zelândia
(Polônia)
República Tcheca
Suíça
Turquia

Austrália e Polônia não concedem o benefício do SGP ao Brasil.

6.24 SISTEMA GLOBAL DE PREFERÊNCIAS COMERCIAIS (SGPC) (MERCOSUL)

Em 1988, em Belgrado, foi assinado um acordo entre vários países subdesenvolvidos (Argentina, Brasil, Egito, Índia, Indonésia, México, Nigéria, Coreia do Sul, Romênia, Tunísia entre outros), instituindo o *Sistema Global de Preferências Comerciais* (SGPC), para promover o comércio e o desenvolvimento dos países signatários.

O Acordo entrou em vigor em 19 de abril de 1989, tendo sido ratificado em definitivo por *40 países*, incluindo o Brasil. A participação no Acordo está reservada exclusivamente aos países em desenvolvimento, membros do *Grupo dos 7*, pretendendo ser um instrumento para a promoção do comércio entre os membros do Grupo.

Foram negociadas listas de concessões, com relação de preferências e negociações de concessões tarifárias, medidas não tarifárias, acordos setoriais, cláusulas de salvaguardas e tratamento recíproco de nação mais favorecida. Os benefícios aos exportadores brasileiros são obtidos por meio de margem de preferência percentual, outorgada pelos países participantes, aplicável sobre a tarifa de importação em vigor no país outorgante, para os produtos constantes da sua lista de concessões.

Os produtos incluídos nas listas de concessões do Acordo são suscetíveis de tratamento preferencial se satisfazerem as Regras de Origem e estiverem acompanhados do Certificado de Origem do SGPC, emitido pelas Federações das Indústrias, Associações Comerciais e outros órgãos credenciados pelo governo brasileiro.

6.25 PRÁTICAS DESLEAIS NO COMÉRCIO INTERNACIONAL

O Comércio Internacional não está livre da prática de concorrência desleal. Produtos são introduzidos em determinado mercado por preço abaixo do normal com a finalidade de desestimular a indústria local. Com essa prática, em vez do aumento da competitividade interna, pode acabar ocorrendo a extinção de setores da indústria atingida.

As práticas desleais podem ser dividias em dois tipos básicos:

- As executadas por meio de *dumping*.

- As executadas a partir da concessão de subsídios por parte do governo do país produtor e exportador de determinado produto.

6.26 SUBSÍDIOS

Os países utilizam-se da concessão de subsídios às exportações com o objetivo de tornar os saldos de suas balanças comerciais mais favoráveis, muitas vezes não levando em conta que tais subsídios podem causar prejuízo aos demais países.

Essa prática pode ser muito onerosa se a concessão de subsídios à produção ou à exportação de um produto causar uma queda irreal de seu preço e impossibilitar que uma empresa em condições normais possa fornecê-lo ao mesmo preço do bem subsidiado.

Os subsídios podem ser concedidos na forma de financiamentos governamentais de empresas comerciais e industriais, de projetos de pesquisa e de desenvolvimento e de incentivos fiscais.

A prática da concessão de subsídios é parte integrante da evolução da economia de certos países em desenvolvimento, desde que em contrapartida sejam adotadas medidas de assistência às suas indústrias, principalmente as destinadas ao setor de exportação. Os países que participam do Acordo Geral sobre Tarifas e Comércio (*General Agreement on Tarifs and Trade* [GATT]), sucedido pela Organização Mundial do Comércio (OMC) e de acordo com o estabelecido no Acordo, poderão aplicar subsídios desde que não causem danos à indústria doméstica de outro país signatário.

6.27 ALGUMAS FORMAS DE SUBSÍDIOS ÀS EXPORTAÇÕES:

- Tarifas de transporte interno e fretes para exportação em condições mais favoráveis do que as aplicadas ao transporte doméstico.

- Concessão de financiamentos governamentais às empresas, em função de seu desempenho nas exportações.

- Fornecimento pelo governo de produtos, mecanismos ou serviços importados, para uso na produção de mercadorias a serem exportadas (*drawback*).

- Isenção ou redução de impostos ou encargos sociais em função das exportações.

6.28 DUMPING

Caracteriza-se pela venda de um produto no mercado estrangeiro, quando depois de reduzidos os custos o preço da venda externa do produto é inferior ao preço vigente no mercado interno do país que produziu o produto e, portanto, a introdução da mercadoria em um *país-alvo* dá-se com preço abaixo do praticado no mercado interno pelo país exportador.

Quando determinado produto é objeto de *dumping*, seu preço de venda no *país-alvo* normalmente é bem inferior ao preço de seus similares naquele mercado interno do país que o produziu e o exportou. Se esse preço de venda for muito inferior aos preços dos similares do produto poderá haver um grave dano à indústria local.

O *dumping* pode apresentar as seguintes modalidades:

- *Esporádico*: venda de excedentes de mercadorias sem prejuízo dos mercados normais.

- *Predatório*: venda com perdas para afastamento da concorrência e acesso fácil ao mercado.

- *Persistente*: venda constante a preços mais baixos num mercado do que em outro.

Para a determinação da ocorrência de dano material causado a uma indústria de um país, ou, ainda, o possível retardamento material da implantação de uma indústria doméstica, deve ser feito um exame dos volumes das importações objetos de *dumping* no mercado interno e o efeito dessas importações sobre os produtos domésticos naqueles produtos comercializados internamente.

Nesse exame deve ser demonstrado que são as importações objeto de *dumping* que estão causando dano à indústria doméstica e não outros fatores, como retração de demanda, retração do consumo etc.

Para que se inicie a investigação para se determinar a existência da prática desleal deve haver solicitação por escrito ao governo do país pela indústria que se considere afetada, incluindo elementos que possam provar a ocorrência de *dumping*, do dano causado e da relação entre ele e as importações efetuadas.

Todos os procedimentos poderão ser suspensos ou encerrados se o exportador garantir que reverá seus preços ou suspender as exportações, eliminando os efeitos prejudiciais do *dumping*. Nos casos considerados necessários serão instituídos direitos *antidumping*, que serão arrecadados em montantes apropriados a cada caso, sem a discriminação sobre as importações desse produto considerado objeto de *dumping* e causadoras de dano. O montante dos direitos de *antidumping* não deverão exceder as margens de *dumping* e vigorarão somente durante o tempo necessário para neutralizar o *dumping* que estiver causando dano.

Há um Comitê no GATT encarregado de regulamentar as práticas *antidumping* e nenhuma medida específica contra *dumping* das exportações procedentes da outra parte poderá ser adotada se não estiverem de acordo com as regras do GATT.

Pode haver prática de *dumping* por empresas que recebem subsídios do governo para forçar exportações, vendendo mercadorias abaixo do custo. Essas *exportações de sacrifício* objetivam aumentar a receita cambial para equilibrar o balanço de pagamento.

Dessa maneira, os países desenvolvidos devem levar em conta a substituição peculiar dos países menos desenvolvidos quando cogitarem a aplicação de medidas *antidumping*. Antes da aplicação desses direitos serão verificadas as possibilidades essenciais dos países em desenvolvimento.

6.29 MEDIDAS DE DEFESA COMERCIAL

6.30 COMPENSATÓRIAS E DE SALVAGUARDA

Com o desenvolvimento e as atuações competitivas dos países no mercado internacional, o Brasil passou a dispor de uma legislação de direitos *antidumping* e direitos compensatórios, efetivamente a partir de 1987, quando os códigos do GATT de direitos *antidumping*, subsídios e medidas compensatórias entraram em vigor, publicados e oficializados por meio dos Decretos n.° 93.941, de 18 de janeiro de 1987, e 93.962, de 22 de janeiro 1987.

Antes da publicação desses decretos, o Brasil já tinha instrumentos capazes de resguardar a indústria nacional, porém esses dispositivos agiam indistintamente sobre o total das importações dos bens cujo setor desejava-se proteger. Assim, mesmo que não houvesse prática desleal e dano à indústria nacional, poderiam ser empregados tais instrumentos. Atualmente, a aplicação de ações *antidumping* e medidas compensatórias necessita da comprovação da prática desleal do dano à indústria nacional e da ligação entre causa e efeito.

No Brasil, os direitos de *antidumping* e compensatórios definitivos são um **adicional ao imposto de importação**, que será calculado pela aplicação de uma alíquota *advalorem* sobre o valor aduaneiro da mercadoria.

Para que seja concedida a aplicação de um direito *antidumping* ou compensatório é necessário que seja comprovada a existência de:

- *Dumping* ou subsídios na importação questionada.

- Dano ou ameaça de dano causada à indústria local instalada ou sensível atraso na implantação de uma nova indústria.

- Relação causal entre o *dumping* ou subsídio e o dano sobre a indústria.

Assim, é necessário que se prove não só a ocorrência do *dumping* e do dano, mas também a ligação de causa e efeito entre os dois. Caso seja comprovada a existência do *dumping* e do dano, mas este tenha outras causas que não o *dumping*, não será tomada ou adotada nenhuma medida.

As **Salvaguardas** são medidas de *urgência* aplicadas sobre importações de determinados produtos, *independentemente* de sua procedência, durante o período em que se fizer necessário para prevenir ou reparar dano causado à indústria nacional e facilitar a sua recuperação.

Essas medidas são aplicadas quando as importações no território do país importador aumentam excessivamente em termos absolutos ou em relação à produção nacional, e que se realizem em condições tais que causam ou ameacem causar dano grave ao setor da produção nacional que fabrica os produtos similares ou diretamente concorrentes.

A medida de salvaguarda objetiva criar um ambiente de segurança que permita que os produtores nacionais implementem programas de ajuste estrutural para enfrentarem com êxito a concorrência externa.

As salvaguardas *não se aplicam* contra práticas desleais no Comércio Internacional. Elas são aplicadas quando a indústria nacional não tem condições de competir em condições de igualdade com empresas exportadoras estrangeiras que atuam legalmente no mercado nacional. São posicionamentos de forma não discriminatória contra todos os produtos estrangeiros daquele setor que precisam ser protegidos, não importando a origem dos produtos, podendo ser aplicadas como:

- Elevação do imposto de importação mediante adicional à Tarifa Externa Comum (**TEC**).

6.31 RESTRIÇÕES QUANTITATIVAS

- As medidas podem ser aplicadas somente nos casos em que se pode determinar um prejuízo grave ou ameaça de prejuízo grave ao setor da produção nacional causado pelo aumento das importações, e quando a indústria apresentar um plano de ajuste que a coloque em melhores condições competitivas, contendo uma clara quantificação das metas e um cronograma de execução.

Entende-se por prejuízo grave a deterioração geral e significativa da situação de determinada indústria doméstica e por ameaça de prejuízo grave a clara iminência de dano grave. A aplicação de *Salvaguardas* deve sempre se basear em fatos concretos e possíveis, e não apenas em alegações ou possibilidades remotas.

A indústria doméstica deve apresentar um programa de ajuste a ser implantado durante a vigência da medida. Tal programa será analisado e uma vez considerado adequado para os fins a que se propõe, assumirá a forma de um compromisso por parte da indústria.

6.32 DEFESA COMERCIAL NA OMC

Para se evitar o inconveniente criado a partir das práticas desleais do comércio exterior sem a necessidade de criação de barreiras alfandegárias discriminadas no âmbito do GATT, foram instituídas, em 1987, as ações *antidumping* e as medidas compensatórias, que são os instrumentos de proteção da indústria a cada país contra *atos lesivos* de comércio.

Os direitos *antidumping* e compensatórios são empregados, então, para anular os efeitos lesivos que as práticas desleais possam causar à indústria nacional dos países. Esses direitos são aplicados na forma de um adicional ao imposto de importação, onerando o produto importado e, portanto, elevando o preço de aquisição que é pago pelo importador.

6.33 DEFESA COMERCIAL NO MERCOSUL

Com o propósito de garantir condições de concorrência leal ao comércio entre os países do Mercosul e com outros mercados, o Conselho Mercado Comum editou Decisões estabelecendo, durante o período de transição, procedimentos que possibilitem que os produtores dos *Países-Membros* defendam-se de práticas desleais do Comércio Internacional.

Qualquer indústria doméstica localizada nos *Países-Membros* pode formalizar queixa quando se considerar prejudicada por importações realizadas por qualquer dos Estados – Partes que sejam objeto de *dumping* ou subsídios, manifestar e formalizar a sua queixa perante o seu governo, sendo que essas reclamações deverão conter elementos que comprovem a existência da prática desleal e do prejuízo ou ameaça de dano decorrente dela.

6.34 DEFESA COMERCIAL NO BRASIL

Abertura comercial iniciada em 1990 e praticamente concluída no segundo semestre de 1994 com a implantação da Tarifa Externa Comum (**TEC**)/ Nomenclatura Comum do Mercosul (**NCM**), teve como instrumentos principais: a *redução tarifária*, a *eliminação dos controles administrativos* e a *desregulamentação* das operações de comércio exterior, e inseriu de forma definitiva o país no cenário do Comércio Internacional.

O crescimento verificado nas importações é decorrente dessas medidas e traz importantes consequências para todo o processo de desenvolvimento econômico nacional, uma vez que, por meio da exposição da indústria doméstica ou nacional à concorrência externa, obtêm-se ganhos de qualidade e de produtividade com reflexos na queda do nível geral de preços e no bem-estar da população.

Entretanto a consolidação desses benefícios exige do governo a atenção constante quanto às condições em que os produtos estrangeiros entram no país, já que eventuais práticas desleais de comércio podem causar efeitos danosos a uma indústria que precisa ajustar-se rapidamente a um novo paradigma tecnológico e cuja proteção repousa praticamente na tarifa aduaneira.

Assim, não basta apenas conhecer os Acordos internacionais de comércio e exigir a sua aplicação justa quando se trata de zelar pelas exportações brasileiras. É necessário e imperioso adotar esses acordos de modo correto e eficaz na vertente das importações, cumprindo fielmente os procedimentos e as regras para garantir à indústria nacional o acesso pleno aos efeitos das medidas de defesa comercial.

Essas medidas são assim traduzidas:

- Nos direitos *antidumping*;

- Nos direitos compensatórios;

- Nas salvaguardas.

Essas medidas são regidas pelo Acordo Geral sobre Tarifas Aduaneiras e Comércio (**GATT**), agora denominado Organização Mundial do Comércio (**OMC**), e são muito utilizadas por países e blocos econômicos como os Estados Unidos da América, União Europeia, o Canadá e Austrália.

6.35 INSTITUIÇÕES INTERVENIENTES NO COMÉRCIO EXTERIOR DO BRASIL

6.36 CÂMARA DE COMÉRCIO EXTERIOR (CAMEX)

É regida pelo Conselho de Ministros, e como órgão de deliberação superior e final é formada pelo *Ministro do Desenvolvimento, Indústria e Comércio*, que o preside, pelos *Ministros-Chefes da Casa Civil*, da *Fazenda*, do *Planejamento e Orçamento e Gestão*, *Relações Exteriores*, da *Agricultura, Pecuária e Abastecimento*, e como convidados podem participar das reuniões titulares de outros órgãos e entidades da Administração Pública Federal, sempre que constar da pauta assuntos da área de atuação desses órgãos ou entidades, ou a juízo do Presidente da República. Tem as seguintes competências:

- Definir as diretrizes e os procedimentos relativos à implementação da política de comércio exterior, visando à inserção competitiva do Brasil na economia internacional.

- Definir no âmbito das atividades de importação e exportação, diretrizes e orientações sobre normas e procedimentos para os seguintes temas, sendo observada a reserva legal: a racionalização e a simplificação do sistema administrativo; habilitação e credenciamento de empresas para a prática de comércio exterior; nomenclatura de mercadoria; conceituação de exportação e importação; classificação e padronização de produtos; marcação e rotulagem de mercadorias; regras de origem e procedência de mercadorias.

- Estabelecer as diretrizes para as negociações de acordos e convênios relativos ao comércio exterior, de naturezas bilateral, regional ou multilateral.

- Orientar a política aduaneira, observada a competência específica do Ministério da Fazenda.

- Estimular diretrizes básicas da política tarifária na importação e na exportação.

- Fixar diretrizes para a política de financiamento das exportações de bens e serviços, bem como para a cobertura dos riscos de operações a prazo, inclusive as relativas a seguro de crédito às exportações.

- Opinar sobre a política de frete e transporte internacional, portuários, aeroportuários e de fronteiras, visando à sua adaptação aos objetivos da política de comércio exterior e ao aprimoramento da concorrência.

- Fixar alíquotas dos impostos de exportação e importação, direitos *antidumping* e compensatórios, provisórios ou definitivos, salvaguardas e eventuais suspensões (por meio de Resoluções CAMEX).

6.37 CONSELHO CONSULTIVO DO SETOR PRIVADO (CONEX)

É composto de 20 representantes dos setores empresariais e trabalhistas e a ele compete assessorar o Comitê Executivo de Gestão por meio de elaboração e encaminhamento de estudos e propostas setoriais para aperfeiçoamento da política de comércio exterior.

6.38 RECEITA FEDERAL DO BRASIL (RFB)

A Secretaria da Receita Federal (SRF), criada em 1968, sucedeu a antiga Direção Geral da Fazenda Nacional, e é o órgão central de direção superior, subordinado ao Ministério da Fazenda, responsável pela administração dos tributos internos e aduaneiros, contribuições sociais e previdenciárias da União, com o propósito de promover o cumprimento voluntário das obrigações tributárias, arrecadar recursos para o Estado e desencadear ações de fiscalizações e combate à sonegação, de forma a promover a justiça social. São de competência da SRF os seguintes tributos:

- Imposto de Importação (II).

- Imposto sobre Exportação (IE).

- Imposto sobre Produtos Industrializado (IPI).

- Imposto sobre a Renda e Proventos (IR).

- Imposto sobre Operações Financeiras (IOF).

- Imposto Territorial Rural (ITR).

- Contribuição para o Financiamento da Seguridade Social (COFINS).

- Contribuição para o Programa de Integração Social (PIS)/Programa de Formação do Patrimônio do Servidor Público (PASEP).

- Contribuição Social sobre o Lucro Líquido (CSLL).

- Contribuição para o Plano de Seguridade dos Servidores (CPSS).

- Contribuição para o Fundo de Desenvolvimento da Agricultura Familiar (FUNDAF).

- Contribuição Provisória sobre Movimentações Financeiras (CPMF).

- Contribuição de Intervenção no Domínio Econômico-Combustíveis (CIDE).

- Contribuições Previdenciárias.

6.39 ATRIBUIÇÕES NA ÁREA DE COMÉRCIO EXTERIOR

Dentro das atividades básicas de tributação, arrecadação e fiscalização aduaneira, a SRF tem, entre outras, as seguintes atribuições:

- Interpretar e aplicar a legislação fiscal e correlata, relacionada com os assuntos de sua área de competência, baixando atos normativos e instruções para sua fiel execução.

- Preparar e julgar em primeira instância os processos administrativos de determinação e exigência de créditos tributários da União, relativos aos tributos e contribuições por ela administrados.

- Preparar e julgar em instância única os processos administrativos de perda de mercadorias no âmbito da legislação aduaneira.

- Dirigir, supervisionar, orientar, coordenar e executar o controle aduaneiro.

- Dirigir, supervisionar, orientar, coordenar e executar o controle do valor aduaneiro de mercadorias importadas ou exportadas.

- Reprimir, nos limites de sua alçada, o contrabando, o descaminho e o tráfico de entorpecentes e de drogas afins.

- Estimar e quantificar a renúncia de receitas administrativas e avaliar os efeitos da redução de alíquotas, de isenções tributárias, de incentivos ou estímulos fiscais, ressalvada a competência de outros órgãos que tratem desses assuntos.

6.40 SECRETARIA DE COMÉRCIO EXTERIOR (SECEX)

É um órgão da estrutura do Ministério do Desenvolvimento, Indústria e Comércio, criada pela Lei n.º 8.490 de 19 de novembro de 1992, que tem as seguintes competências:

- Formular propostas de políticas e programas de comércio exterior, e estabelecer normas necessárias para sua implementação.

- No âmbito das políticas fiscal e cambial, propor medidas de financiamento, de recuperação de créditos à exportação, de seguro, de transportes e fretes e de promoção comercial.

- Propor diretrizes que articulem o emprego do instrumento aduaneiro com os objetivos gerais de política de comércio exterior, bem como propor alíquotas para o imposto de importação e suas alterações.

- Participar das negociações em acordos ou convênios internacionais relacionados com o comércio exterior.

- Implementar os mecanismos de defesa comercial.

- Apoiar o exportador submetido às investigações de defesa comercial no exterior.

A *SECEX* tem em estrutura alguns departamentos específicos, no desenvolvimento de atividades relacionadas diretamente ao comércio exterior, a saber:

- Departamento de Operações do Comércio Exterior (DECEX).

Devemos ressaltar no âmbito e na competência do *DECEX* as seguintes atribuições:

- Desenvolver e acompanhar políticas e programas de operacionalização de comércio exterior, estabelecendo procedimentos para sua implementação.

- Implementar diretrizes setoriais de comércio exterior e decisões provenientes de acordos internacionais e de legislação nacional referentes à comercialização de produtos.

- Acompanhar, participar de atividades relacionadas com acordos internacionais que envolvam a comercialização de produtos ou setores específicos referentes à área de atuação do Departamento.

- Coordenar, no âmbito do Ministério, ações sobre Acordos e Procedimentos de Licenciamento das Importações junto a blocos econômicos e à OMC.

- Analisar e deliberar sobre:

- *Licenças de importação* (LI).

- *Registros de Exportação* (RE).

- *Registros de Vendas* (RV).

- *Registros de Operações de Crédito* (RC).

- *Atos Concessórios* (AC) *de DRAWBACK*.

- Atuar em todas as operações que envolvam regimes aduaneiros especiais e atípicos, arrendamento, leasing e aluguel; nas modalidades de isenção e suspensão; bens usados, similaridade e acordos de importação com a participação de empresas nacionais.

- Administrar a aplicação do Acordo de Têxteis e Vestuário (AVT) da OMC.

- Fiscalizar preços, pesos, medidas, classificação, qualidade e tipos declarados nas operações de exportação e importação diretamente com outros órgãos governamentais, respeitadas as competências das repartições aduaneiras.

- Opinar sobre normas do *Programa de Financiamento às Exportações* (PROEX).

- Representar:

- O Ministério das Reuniões de Coordenação do SISCOMEX.

- Departamento de Negociações Internacionais (DEINT).

- Departamento de Defesa Comercial (DECOM).

- Departamento de Planejamento e Desenvolvimento do Comércio Exterior (DEPLA).

6.41 BANCO CENTRAL DO BRASIL (BACEN)

É uma autarquia Federal, vinculada ao Ministério da Fazenda, criado pela Lei n.º 4.595, de 31 de dezembro de 1964, para ser o agente da sociedade brasileira na promoção da estabilidade do poder de compra da moeda brasileira, por meio da *busca permanente* e mediante os seguintes princípios e objetivos:

- Supervisão e adequada liquidez da economia.

- Manter as reservas internacionais do país em nível adequado.

- Estimular a formação de poupança em níveis adequados às necessidades de investimento do país.

- Zelar pela estabilidade e promover o permanente aperfeiçoamento do Sistema Financeiro Nacional.

6.42 CONTROLE DAS OPERAÇÕES DE CRÉDITO

O Banco Central divulga as decisões do Conselho Monetário Nacional, baixa normas complementares e executa o controle e a fiscalização das operações de crédito em todas as suas modalidades.

6.43 POLÍTICA CAMBIAL E DE RELAÇÕES FINANCEIRAS COM O EXTERIOR

Na área internacional é de competência do *BACEN*:

- Atuar no sentido de garantir o funcionamento regular do mercado de câmbio; a estabilidade relativa das taxas de câmbio e o equilíbrio do balanço de pagamentos, podendo, para esse fim, comprar e vender ouro e moeda estrangeira e realizar operações de crédito no exterior.

- Administrar as reservas cambiais do país.

- Promover, como agente do governo federal, a contratação de empréstimos e a colocação de títulos no exterior.

- Acompanhar e controlar os movimentos de capitais, inclusive os que se referem a acordos com entidades internacionais e à recuperação de créditos governamentais brasileiros no exterior.

- Negociar, em nome do governo brasileiro, com as instituições financeiras e os organismos financeiros estrangeiros e internacionais.

Nesse sentido, além da execução da política cambial, zelando pela sua coerência com a política monetária, o *BACEN* busca aplicar as reservas internacionais em regime de segurança, liquidez e rentabilidade adequadas, cuidando, ainda, da necessária regulamentação dos fluxos cambiais relativos ao comércio exterior e aos capitais estrangeiros. É também responsável pela promoção do relacionamento financeiro global do país com o exterior.

6.44 SUPERVISÃO DO SISTEMA FINANCEIRO NACIONAL

Atua no aperfeiçoamento das instituições financeiras de modo a zelar por sua liquidez e solvência, buscando a adequação dos instrumentos financeiros visando à crescente eficiência do Sistema Financeiro Nacional. Tem as seguintes competências:

- Formular normas aplicáveis ao Sistema Financeiro Nacional.

- Conceder autorização para o funcionamento das instituições financeiras e outras entidades conforme legislação em vigor.

- Fiscalizar e regular as atividades das instituições financeiras e demais entidades por ele autorizadas a funcionar.

6.45 CONTROLE DO MEIO CIRCULANTE

As atividades referentes ao meio circulante destinam-se a satisfazer a demanda de dinheiro indispensável à atividade econômico-financeira do país.

O BACEN, em conjunto com a Casa da Moeda do Brasil (CMB), desenvolve projetos de cédulas e moedas metálicas, sempre procurando levar em conta aspectos decorrentes das exigências de circulação, impactos econômicos (*capacidades mercadológica e econômica de absorção na produção e na inserção no mercado interno, de novas moedas*), custos, segurança contra ação de falsificadores e valores semânticos, isto é, toda a carga de informação de natureza cultural que o dinheiro possa veicular. Assim, são adotadas linhas temáticas que confiram identidade nacional às cédulas e moedas.

6.46 OUTRAS ATRIBUIÇÕES

O Banco Central desempenha uma série de outras atribuições que, por sua natureza e especificidade, não se confundem com todas as atividades já descritas, sendo importante citar:

- Regulamentar, autorizar e fiscalizar as atividades das sociedades conhecidas como consórcios, fundos mútuos ou outras formas associativas assemelhadas que objetivem a aquisição de bens de qualquer natureza.

- Normatizar, autorizar e fiscalizar as sociedades de arrendamento mercantil, as sociedades de crédito imobiliário e as associações de poupança e empréstimo, bem como regular todas as suas operações.

- Acompanhar as operações de endividamento de estados e municípios, por meio de Sistema de Registro de Operações de Crédito com o Setor Público, inclusive dos limites e das condições estabelecidos em resoluções do Senado Federal.

6.47 MINISTÉRIO DAS RELAÇÕES EXTERIORES (MRE)

Conhecido também como *Itamaraty*, auxilia o Presidente da República na formulação da política externa do Brasil, assegurar sua execução e manter relações com Estados estrangeiros (*nas dimensões bilateral e regional da diplomacia*).

O MRE é o executor da política de comércio exterior no âmbito externo. Na área de comércio exterior, suas atividades abrangem especialmente:

- Organização de feiras, eventos e promoções visando divulgar as oportunidades comerciais do Brasil e atrair investidores estrangeiros para o país.

- A manutenção de cadastros de exportadores brasileiros e importadores estrangeiros.

- A realização de estudos e pesquisas sobre mercados estrangeiros e intercâmbio comercial brasileiro.

- A divulgação, por meio das missões diplomáticas e repartições consulares no exterior, de oportunidades comerciais no Brasil.

- A assistência a empresários brasileiros em visita ao exterior.

- A promoção de visitas de importadores estrangeiros ao Brasil.

7. CONCLUSÕES

Após todas as exposições realizadas nesse estudo, abrangendo comumente os cenários que envolvem o comércio internacional, poderemos agora ter uma visão um pouco mais globalizada e real dos inúmeros "atores" nesses cenários.

No que tange às capacidades tanto produtiva como de consumo das economias, poderemos refletir um pouco mais sobre o fluxo das relações comerciais internacionais e suas respectivas capacidades de gastos e acúmulo de riquezas.

Deve-se destacar também o desenvolvimento concomitante das características das políticas ambientais praticadas nessas economias, pois, objetivando o bem comum, a ocorrência da minimização dos possíveis impactos ambientais causados pela redução dos custos operacionais e respectiva maximização das receitas comerciais, tivemos toda uma reengenharia de processos logísticos, abrangendo produção, embalagens, movimentações, deslocamentos (Supply Chain) e, consequentemente, o redimensionamento nos meios de transportes multimodais.

Cabe ressaltar também que os modelos econômicos adotados pelas economias podem vir à provocar e influenciar as práticas comerciais de suas relações internacionais, tornando-se até "facilitadores" e/ou "limitadores" e até gerando impeditivos "obstáculos" no desenvolvimento das práticas comerciais do país.

Infelizmente, tanto na ação comercial da compra (importação) ou da venda (exportação) das mercadorias, produtos ou Serviços, a mesma pode vir à provocar ocasionalmente, até a infeliz opção da "ação bélica" na imposição de suas prerrogativas comerciais. Comprovadamente, esta infeliz opção, acaba tendo como consequência violentos e irreparáveis desgastes e profundo danos sociais.

Importante ressaltar que, como o leitor pode observar, não foi em nenhum momento elencado, citado, mencionado ou qualquer outra característica semelhante com uma prática não reconhecida e nem tampouco "normatizada" pelos signatários da OMC, denominada como "bit coin" ou seja, "dinheiro virtual", simplesmente porque apesar de toda a mídia e a propaganda envolvida, este "produto" não se trata diretamente de "dinheiro em espécie" reconhecido pelos demais signatários da Oganização Mundial do Comércio portanto, não caracteriza-se como uma "moeda" propriamente dita.

8. REFERÊNCIAS

BIZELLI, João dos Santos; BARBOSA, Ricardo. *Noções básicas de importação.* Local: Aduaneiras, 1995.

CAMPOS, Antonio. *Comércio internacional e importação.* São Paulo: Aduaneiras, 1990.

COUTINHO, Dirceu M. *Comércio internacional sem censura.* São Paulo: Aduaneiras, 1990.

FONSECA, Ruben; WILLIAMS, Robert. *Tratado dos paraísos fiscais.* Rio de Janeiro: Observador Legal, 1998.

FORTUNA, Eduardo. *Mercado financeiro.* Rio de Janeiro: Qualitymark, 1995.

FORTUNA, Eduardo. *Mercado financeiro:* produtos e serviços. Rio de Janeiro: Qualitymark, 2001.

GAMA, Marilza. *Normas administrativas – Exportação ação.* Local: Aduaneiras, 1997.

HARROD F. R. *Comércio internacional.* Local: Zahar, 2001.

HARTUNG, Douglas S. *Negócios internacionais.* Rio de Janeiro: Qualitymark, 2002.

HELLSWORTH, P. T. *Economia internacional.* Local: Atlas, 1999.

IANNI, Otávio. *Teorias da globalização.* Local: Civilização Brasileira, 1998.

KEEDI, Samir. *A B C do comércio exterior.* São Paulo: Aduaneiras, 1996.

KRUGMAN, Paul. *Economia internacional.* Rio de Janeiro: Campus, 2000.

LABATUT, Ênio Neves. *Teoria e prática de comércio exterior.* São Paulo: Aduaneiras, 1990.

LABATUT, Ênio Neves. *Política de comércio exterior.* Local: Aduaneiras, 1994.

LOPEZ, José Manoel Cortiñas. *Comércio exterior competitivo.* Local: Aduaneiras, 1998.

LAFER, Celso. *A OMC e a regulamentação do comércio internacional.* Rio Grande do Sul: Livraria do Advogado, 1998.

LARRAÑAGA, Félix Alfredo. *Organismos internacionais do comércio.* São Paulo: Aduaneiras, 2007.

MAIA, J. M. *Economia internacional e comércio exterior.* Local: Atlas, 1998.

MINERVINI, Nicola. *Exportar:* competitividade e internacionalização. Local: Makron Books, 1997.

MURTA, Roberto de Oliveira. *Contratos em comércio exterior.* São Paulo: Aduaneiras, 1998.

NICOLETTI, Antonio M. *Conhecimentos elementares de comércio exterior e câmbio.* São Paulo: Aduaneiras, 1997.

RATTI, Bruno. *Comércio internacional e câmbio.* São Paulo: Aduaneiras, 1994.

RICUPERO, Rubens. *Visões do Brasil:* ensaios sobre a história e a inserção internacional do Brasil. Rio de Janeiro: Record, 1995.

SILVA, G. E.; ACCIOLY, Hildebrando. *Manual de Direito Internacional Público.* São Paulo: Saraiva, 1998.

VASQUEZ, José Lopes. *Comércio exterior brasileiro.* São Paulo: Atlas, 1995.

8.1 PERIÓDICOS

Acordo de Livre Comércio da América do Norte (NAFTA). www.nafta-sec-alena.org/.

União Europeia (EU). www.europa.eu.int.

Associação Europeia de Livre-Comércio (EFTA). www.efta.int/structure/main/e-index.htm.

Associação Latino-Americana de Desenvolvimento e Integração (ALADI). www.aladi.org.

Comércio Exterior. www.mandic.gov.br/publica/ secex/pag/preftari.html.

Comissão Econômica para a América Latina e Caribe (CEPAL). www.cepal.org.

Comunidade Andina. www.comunidadeandina.org.

Conselho Econômico da Ásia-Pacífico (EFTA). www.apecsec.org.sg.

FGV. *Conjuntura Econômica.* https://portal.fgv.br.

FUNCEX. *Revista Brasileira de Comércio Exterior.* www.funcex.com.br.

IBRI. *Revista Brasileira de Política Internacional.* www.ibri.com.br.

MERCOSUL - Banco de Dados (Ministério das Relações Exteriores). www.mercosul.org.uy.

MINISTÉRIO das Relações Exteriores. Acordos e Tratados de Comércio Exterior do Brasil. www.mre.org.br.

Ministério do Desenvolvimento, Indústria e Comércio Exterior (MDIC). www.mdic.gov.br.

Organização Mundial do Comércio (OMC). www.wto.org.

Organização Mundial da Propriedade Intelectual (OMPI). www.wipo.org.

Organização para Cooperação e Desenvolvimento Econômico (OCDE). www.ocde.org.

Sistema Geral de Preferências (SGP) – Ministério do Desenvolvimento, Indústria e

Organização das Nações Unidas sobre o Comércio e Desenvolvi- mento (UNCTAD). www. unctad.org/gsp/index.htm.

https://www.blomber.com

https://www.feg.com.tw>home

https://www.aeaweb.org